Margarete Buber-Neumann

Du Goulag à Ravensbrück

René Lévy

Margarete Buber-Neumann

Du Goulag à Ravensbrück

L'Harmattan

DU MÊME AUTEUR
AUX ÉDITIONS L'HARMATTAN

Les écrivains français sous l'Occupation, 1940-1944. Pages arrachées et brûlots mortels, 2014.

Les écrivains de langue allemande sous le nazisme, 1933-1945. Une écriture qui résiste, 2014.

Les écrivains russes sous la dictature stalinienne, 1924-1953. Une écriture clandestine, 2014.

Les écrivains de langue italienne sous le fascisme, 1922-1945. L'imbroglio, 2014.

Les écrivains espagnols au crépuscule de la République, 1936-1939. A las cinco de la tarde, 2014.

5-7, rue de l'Ecole-Polytechnique, 75005 Paris

http://www.harmattan.fr
diffusion.harmattan@wanadoo.fr
harmattan1@wanadoo.fr

ISBN : 978-2-343-06426-0
EAN : 9782343064260

SOMMAIRE

On ne peut s'intéresser à Margarete Buber-Neumann sans évoquer ceux qui lui sont proches. Hormis un bref mariage avec le fils d'un philosophe célèbre et leurs deux enfants qui relèvent de sa vie privée, retenons ceux avec lesquels elle a vécu, qui sont indissociables de ses vies politique et concentrationnaire.

La présence de sa sœur Babette est déterminante au moment où Margarete Buber-Neumann prend conscience des agitations sociales qui se déroulent sous ses yeux, et de l'orientation de l'engagement qui va suivre.

Son beau-frère, Willi Münzenberg, qui mène un combat sur deux fronts : contre le carcan de l'appareil du Parti auquel il appartient et contre le National-socialisme.

Heinz Neumann, jeune militant qu'elle rencontre chez son beau-frère et qui deviendra celui avec lequel elle partagera sa vie, les risques et les périls jusqu'à la fin tragique de ce compagnon.

Milena, l'amie avec qui elle supporte les épreuves infligées dans le camp de concentration durant ces quatre années d'amitié où elles se soutiennent l'une l'autre jusqu'à l'épuisement de Milena.

Préambule

La nuit du 27 février 1933[1] , deux sœurs, Magarete et Babette, militantes communistes, échappent aux arrestations qui suivent l'incendie du Parlement à Berlin. Dans ce vaste coup de filet organisé par Goering N°2 du régime nazi, des milliers de membres des partis politiques d'opposition à Hitler ainsi que la plupart des dirigeants communistes sont arrêtés.

Margarete Buber-Neumann et son compagnon Heinz Neumann ont la chance de se trouver à Madrid, chargés par le Comité central de Moscou d'une mission secrète auprès des communistes espagnols. Frappés d'un mandat d'arrêt international lancé par la Gestapo, ils reçoivent l'ordre de se fixer quelque temps à Zurich avant d'organiser leur retour à Moscou.

Libres de leur parole, de leurs écrits – mais pas de leurs mouvements, la police suisse retient Heinz Neumann en détention provisoire – dans quel pays sinon l'Union Soviétique, pays frère communiste, pourraient-ils attendre le moment venu de relancer la lutte des classes sociales du peuple allemand, pour l'heure, réfractaire, reprendre dans l'urgence le combat contre l'idéologie nazie ?

Réfugiés à Moscou sans obéir à la hiérarchie, à Moscou sous haute surveillance de la police politique, seraient-ils hors de tous les dangers ?

A Moscou ?

*

---

[1] Moins d'un mois après leur prise de pouvoir, les Nazis organisent l'incendie du Reichstag afin d'en rejeter la responsabilté sur les communistes et installer ainsi leur dictature.

Cette nuit du 27 février 1933, la sœur de Margarete, Babette Gross et son compagnon Willi Münzenberg, par leur finesse d'analyse politique ont anticipé l'évènement. Ils n'habitent déjà plus leur somptueux appartement de Berlin sur le Tiergarten où ils savaient ne plus être en sécurité. Lorsque les policiers de la Gestapo s'engouffrent dans l'escalier qui mène au logement, seuls s'y trouvent ceux qui assurent le secrétariat et veillent sur les objets d'art et les nombreuses œuvres originales. Les policiers saccagent les lieux, confisquent les œuvres d'art, tandis que Babette et Willi gagnent Francfort où les attend, avec la Lincoln, Emil, le chauffeur et garde du corps.

Puis, ils se dirigent tous trois vers la Sarre[2] d'où il sera plus aisé de franchir la frontière française.

Après l'arrivée à Forbach des trois fugitifs, les camarades du Parti communiste français leur obtiennent les visas nécessaires pour les conduire à Paris.

Enfin libres de leurs mouvements, de leur parole, de leurs écrits, dans quel pays mieux qu'en France, pays des Droits de l'Homme, pourraient-ils attendre le moment venu de relancer la lutte des classes sociales du peuple allemand, pour l'heure, réfractaire, reprendre dans l'urgence le combat contre l'idéologie nazie ?

Réfugiés à Paris sans obéir au Comité central, est-ce si sûr ? A Paris espionnés par les ennemis allemands autant que par les amis communistes, seraient-ils hors de tous les dangers ?

A Paris ?

---

2 La Sarre bénéficie d'un statut spécial depuis les accords de Versailles. Elle est sous occupation militaire française.

Ainsi ferait Jules César…
Il est l'œuf du serpent
Eclos, il montrera sa nature nuisible,
Ecrasons-le !

Shakespeare[1]

1- 1919 – 1929 : une débutante

---

1 Tirade de Brutus à Lucius, Jules César, acte 2 scène 1, p. 311, Tome 6, Editions Club français du livre 1962.

1919 : Les influences

Les évènements qui s'enchainent, à partir de 1919 en Allemagne, vont déterminer l'engagement politique de deux jeunes filles, Margarete et Babette, deux sœurs âgées de 19 et 23 ans.

Nées dans la ville royale de Potsdam, au sein de la famille Thüring, elles appartiennent à la bourgeoisie de la ville.

Lorsque Margarete entre à l'Institut pour apprendre à être jardinière d'enfants, elle se trouve confrontée à la misère sociale. Tandis qu'à Berlin on s'adonne à la recherche effrénée des plaisirs, elle s'occupe de garçons et de filles qui, dès l'enfance, commettent des délits mineurs. Dans cette organisation de secours aux enfants nécessiteux, elle rencontre des militants politiques qui lui parlent de Rosa Luxembourg et de Karl Liebknecht. Elle adhère aux *jeunesses communistes* qui ne diffèrent pas des autres groupes de jeunesse en Allemagne, sauf qu'elle découvre un fanatisme politique et le slogan : *Moscou vient au secours de Berlin*[1].

Magarete ne tarde pas à connaitre Rafaël Buber, fils du célèbre philosophe juif Martin Buber, qu'elle épouse en premières noces, tandis que sa sœur Babette[2] devient la compagne d'un dirigeant communiste Willi Münzenberg[3].

---

1 *La Révolution mondiale,* p.75, Margarete Buber-Neumann, Ed. Castermann 1971.

2 Babette, jeune militante, après un bref mariage avec Fritz Gross, travaille avec Willi Münzenberg au Parti communiste allemand jusqu'en

Cette rencontre entraine Margarete dans le sillage des amis de son beau-frère. Parmi ceux-ci, elle remarque un jeune intellectuel surdoué, Heinz Neumann avec lequel, désormais elle veut partager sa vie.

Immergées dans l'Allemagne défaite après la signature de l'armistice du 11 novembre 1918 les deux sœurs voient le pays effondré, exangue.

Selon Lénine, le mécontentement des ouvriers allemands excédés par la guerre, la misère, le manque de travail, enclenchera un soulèvement qui renforcera la révolution bolchévique encore fragile à cette époque en URSS.

Les dirigeants de la Ligue spartakiste[4] qui animent le mouvement ouvrier se joignent aux communistes internationaux et fondent ainsi le Parti communiste allemand – KPD – le 30 décembre 1918.

L'une des dirigeantes, Rosa Luxembourg est résolue à mener une politique socialiste humaniste. Elle proclame que les buts, les mobiles de la révolution prolétarienne n'impliqueront pas la terreur et n'auront pas à user du meurtre. Elle met en garde ceux qui songent à renverser le gouvernement par la violence : *la révolution prolétarienne doit se faire dans l'honneur du socialisme international*[5].

---

mai 1940. Babette a la réputation d'être une *ravissante jeune femme* tandis que Willi Münzenberg est *réputé laid*.

3 *Willi Münzenberg*, p. 144, Alain Dugrand et Frédéric Laurent, Ed. Fayard 2008.

4 La Ligue spartakiste est l'ancêtre du Parti communiste allemand. Pendant la guerre de 1914-1918 ses dirigeants Rosa Luxembourg et Karl Liebknecht sont détenus dans les prisons impériales, pour menées révolutionnaires. Ils sont libérés mi-novembre 1918.

5 W. M. p. 154.

Libéré des prisons impériales, Karl Liebknecht, co-dirigeant du Parti, tente de regrouper l'action des ouvriers constitués en conseils qui échappent à son autorité.

Des tracts diffusés le 5 janvier 1919 appellent à manifester à Berlin. Cette protestation atteint une telle ampleur que les organisateurs en sont étonnés. Des dizaines de milliers de personnes défilent, occupent quelques bâtiments officiels.

Le 8 janvier 1919 les forces policières et militaires investissent les bâtiments détenus par les conseils d'ouvriers. Après plusieurs jours de violents combats les quartiers populaires tombent à leur tour. La nuit du 11 au 12 janvier 1919, l'assaut est donné avec les canons contre la préfecture. Les conseils sont délogés, les chefs abattus, aucun n'est fait prisonnier, on compte 1200 exécutés.

Rosa Luxembourg n'a pas pour objectif de s'accaparer le pouvoir. Au cours des affrontements elle travaille à la rédaction du journal le *Drapeau rouge*. Avec Karl Liebknecht, tous deux refusent de fuir. Ils pensent être cachés en lieu sûr sans avoir à quitter Berlin.

Alors qu'ils sont dénoncés, un détachement de soldats vient les arrêter. Transférés dans un hôtel, l'Eden, dans le centre de Berlin, ils sont injuriés, malmenés, torturés. Karl Liebknecht est abattu dans les jardins de Tiergarten. Rosa, maltraitée est jetée dans le canal de Landwehrkanal[6].

Selon la version officielle qui nous est connue par Alfred Döblin, Karl Liebknecht a *été abattu alors qu'il tentait de s'enfuir*. De Rosa Luxembourg, *lynchée par des inconnus, on n'a plus aucune trace de son corps*.

---

[6] *Karl et Rosa*. Alfred Döblin. Ed.

Puis, nous dit Alfred Döblin, une ordonnance d'enquêtes conclut à l'assassinat des deux leaders politiques, requiert la peine de mort contre quatre officiers reconnus coupables, bientôt acquittés par le verdict.

Lorsque l'on retrouve le corps de Rosa Luxembourg échoué sur une rive du canal, une foule considérable l'accompagne jusqu'au cimetière.

Léo Jogische, ancien dirigeant et ancien compagnon de Rosa Luxembourg qui a recueilli les témoignages contre les meurtriers est arrêté à son tour, abattu par la police. Le même sort est infligé aux autres cadres du Parti et à plusieurs centaines de simples militants.

Désormais toute réconciliation entre les sociaux-démocrates et les communistes devient impossible durant plusieurs années.

La victoire du prolétariat fleurit sur le sol des défaites[7] écrit Karl Liebknecht.

Mais les quatre jeunes militants, Margarete et Heinz Neumann, Babette et Willi Münzenberg, resteront marqués par la personnalité de Rosa Luxembourg.

---

7 *Karl et Rosa,* op. cit., p. 642.

1920 : L'apprentissage en politique

Au cours de la décennie qui commence, les deux sœurs, au centre des agitations politiques, ne se distinguent pas autrement des jeunes filles de leur temps. Après quelques études, elles se marient. Margarete et son mari Rafaël Buber, Babette et son mari Fritz Gross, songent à une vie familiale, les deux jeunes femmes participent aux associations de jeunesse, nombreuses à cette époque. C'est en adhérant à l'une d'elles, le *Mouvement des jeunesses communistes,* qu'elles se sentent concernées par les évènements considérables qui se déroulent sous leurs yeux.

Très vite, elles changent de cap, militent au Parti communiste, connaissent leur futur compagnon. Babette reconnait en Willi Münzenberg le militant chevronné. Margarete voit en Heinz Neumann le militant débutant qui aspire à de hautes fonctions dans l'appareil du Parti.

Sachant de Rosa Luxembourg que toute révolution est souvent condamnée à l'échec, ils reprennent le discours de la dirigeante, font connaitre sa pensée révolutionnaire, défendant l'idée qu'elle incarnait : un monde nouveau sans violence ni terreur.

Les quatre jeunes militants veulent cette autre société. Ils vont se consacrer à lutter contre les tenants de la ligne officielle.

En cela, retenant la leçon, ils s'inscrivent dans une filiation directe de Rosa Luxembourg.

1920 : Willi Münzenberg et Babette

L'emprisonnement de Willi Münzenberg[1] ces cinq derniers mois lui a permis d'échapper à la répression exercée sur les spartakistes qui a lieu en janvier 1919.

A l'issue de son procès, grâce à une prestation impressionnante, il parvient à ne pas se faire reconnaitre coupable de menées révolutionnaires.

Chargé par le Parti de quelques responsabilités il est nommé secrétaire des jeunesses. A ce titre, il doit relancer un vaste mouvement avec la jeunesse, assisté de Babette Gross, qui deviendra sa compagne.

Au prix de multiples difficultés, il installe des bureaux à Berlin, organise un *congrès international de la jeunesse,* impose l'indépendance des jeunes par rapport au Parti communiste allemand mais aussi par rapport au Comité central à Moscou. Il passe souvent les frontières dans la clandestinité afin de convaincre les groupes de jeunesse des autres pays d'Europe, à rejoindre le mouvement.[2]

Cela ne se fait pas sans quelques soucis avec la hiérarchie du Kremlin, qui tient à son contrôle, et avec la police allemande qui procède à ses arrestations successives, suivies de relaxations.

Au congrès du 23 juillet 1920 à Moscou, il plaide l'indépendance des jeunes et devient une figure populaire

---

1 Arrivé de son exil en Suisse, où il a connu Lenine à Zurich, Willi Münzenberg est incarcéré à Berlin pour menées révolutionnaires contre l'Empire de Guillaume II.

2 *Willi Münzenberg* p.180.

célèbre. Il est reçu par Zinoviev et même par Lénine qui se souvient de lui à Zurich avant 1917.

1920 : Heinz Neumann

Dans le climat d'instabilité politique – tentatives de coups d'Etat, menées par les militaires, grèves, soulèvements populaires, combats de rue – un jeune homme de 18 ans vient se mettre au service de la fédération communiste de Berlin.

Il est intimidé, son éducation bourgeoise le différencie de ses camarades. Comme à tout débutant, on lui confie la distribution de tracts, le collage des affiches, la transmission d'un message. Mais bientôt, Heinz Neumann commence une carrière dans le Parti qui le mène rapidement au sommet.

Issu d'une famille d'origine juive dans le milieu conservateur, assimilée depuis plusieurs générations, le jeune homme est passionné de littérature, traducteur de poèmes, pacifiste, lecteur de Henri Barbusse.

Margarete décrit *ses yeux bleus, ses cheveux châtains qui contredisent tout ce que l'allemand moyen se représente sur le type juif.*

Heinz Neumann est poussé par l'action. Il veut s'impliquer dans les évènements politiques, fasciné par l'attrait de la Révolution de 1917. Porteur de sa foi dans le Parti, il impressionne la direction par son intelligence et son aisance, le langage recherché avec lequel il exprime ses pensées. Il obtient de collaborer à la revue *Rote Fahne*[1],

[1] *Le Drapeau Rouge*: journal que dirigeait Rosa Luxembourg

l'organe central du Parti, ainsi qu'à d'autres revues internationales.

Il abandonne bientôt ses études de philosophie afin de se consacrer à la cause, comme, du reste, les autres jeunes intellectuels qui y adhèrent.

Cela entraine une rupture avec leur famille, un point de non-retour à la vie bourgeoise.

Bientôt, Heinz Neumann devient l'un des principaux orateurs de la fédération de Berlin.

Convaincu de l'impossibilité, pour le capitalisme, de trouver une issue à la crise d'après-guerre, il s'enthousiasme pour le communisme, l'estimant *la seule voix ouverte vers l'avenir.*

De même, Margarete Buber s'engage en politique, sa manière, à elle, de protester contre l'ordre établi, contre la société bourgeoise.

Maintenant c'est une erre nouvelle qui commence[2] écrit-elle.

---

2 *La Révolution mondiale* p. 69. 73.

1922-1925 : Premières missions

A la fin de 1922, August Thälmann, dirigeant du Parti communiste allemand, choisit Heinz Neumann pour l'accompagner à Moscou et à Leningrad afin d'assister au IVème Congrès international communiste.

Ils sont accueillis avec enthousiasme dans une atmosphère de fraternité universelle.

La rencontre avec Lenine, l'éloquence de Trotski, sont pour le jeune militant, de grands évènements. A l'aise dans la langue russe, il fait de nombreuses connaissances parmi les dirigeants de l'Internationale et du Comité central.

Deux ans plus tard, il est chargé d'une nouvelle mission en Union Soviétique. Il est logé à l'Hôtel Lux, à Moscou, fréquente l'Université, se lie d'amitié avec quelques professeurs dont Besso Lominadze. Par l'intermédiaire de celui-ci il fait la connaissance de nombreux dirigeants et même de Staline. Il devient ainsi une personnalité influente au sein du Parti communiste allemand, à Berlin.

Dans la capitale allemande la situation est préoccupante. Les denrées de consommation courante prennent une ascension vertigineuse. L'Allemagne est imposée à payer aux alliés 132 milliards de marks-or pour dommages de guerre[1].

---

[1] Cela représente 3 ans de son revenu national. Des prêts importants seront accordés par les Etats-Unis qui relanceront l'industrie allemande. Par comparaison, l'Allemagne exigera de la France, en 1940, le paiement quotidien des 2/3 du budget total du pays.

Les soulèvements se poursuivent dans tout le pays. Ils sont violemment réprimés par la police soutenue par l'armée.

Les nazis, qui commencent à recueillir 6% des suffrages aux élections de 1923, saisissent l'opportunité des agitations. Hitler tente le putsch à Munich le 9 novembre 1923 qui trouve une fin peu glorieuse par son échec, mais qui renforce la vague nationaliste en Bavière.

Une tentative exécutée, dit Margarete Buber-Neumann, *sous l'influence d'un braillard d'extrême droite, drôle de paroissien venu d'Autriche. Hitler est un désaxé de l'Ultranationalisme mal digéré.* [2]

Le putsch manqué, Hitler est emprisonné pour *tentative de coup d'état*. Condamné à 5 ans de forteresse, il est amnistié après 13 mois de détention.

Le 18 juillet 1925, parait *Mein Kampf* en Allemagne. Le Parti nazi, après avoir été interdit est autorisé à nouveau. Hitler crée la police SS. La France évacue la Ruhr qu'elle occupait depuis novembre 1918.

---

2 *La Révolution mondiale* p. 110.

1927: Un échec ? Ou une retraite victorieuse ?

Heinz Neumann et Besse Lominadze sont envoyés en Chine au mois de juillet 1927, sur ordre de Staline, afin de préparer et diriger une insurrection.

C'est l'époque où Tchang Kaï Chek réussit le coup d'état et s'empare du pouvoir.

A Canton, un soulèvement de la base est ordonné par les syndicats. Le 13 décembre les insurgés sont envoyés de sang froid sous le feu des mitrailleuses de l'Armée de Tchang Kaï Chek, qui font un massacre.

Le lendemain, tombe le drapeau rouge qui flottait sur la préfecture. Il s'ensuit une terrible répression, 4000 tués, règlements de comptes, groupes d'ouvriers abattus, prisonniers jetés dans le fleuve.

Le 17 décembre 1927, les agences de presse annoncent que Canton est *une ville de morts.*

Heinz Neumann, au cœur de la déroute, échappe de peu à la mort. Il traverse la ville incognito. Partout sur les murs sont collées des affiches avec son portrait et les mandats d'arrêt. Il parvient à gagner le port de Canton et à s'embarquer sur un cargo, effondré de revenir avec une déroute quand il s'attendait à un triomphe.

Pourtant, il s'était rendu compte dès son arrivée de la situation peu propice à un soulèvement, contrairement aux ordres de Staline qui estimait les conditions réunies.

De retour à Berlin, Heinz Neumann, bien qu'étant l'un des espoirs des dirigeants, est malmené par la fraction droitière du Parti qui le surnomme : *le boucher de Canton.* [1]

Lorsque les membres du Comité central établissent l'examen du cas Neumann-Lominadze, la résolution prononcée contre les deux protagonistes est assez douce, sans doute, sous l'effet d'une directive de Staline. On fera porter la responsabilité de la défaite sur les dirigeants du Parti communiste chinois.

Staline boucle la question en faisant de ce désastre *une retraite victorieuse.*

Heinz Neumann peut ainsi accéder à la direction du Parti communiste allemand, aux côtés de Thälmann.

---

1 *La Révolution mondiale* p. 202.

1928 : Margarete Buber

Margarete se dit indignée que Heinz Neumann et Besso Lominadze se soient obstinés à ignorer l'évidence du manque de préparation au soulèvement de Canton. Il lui parait inacceptable d'avoir laissé les insurgés sans force militaire suffisante face à un ennemi supérieur en nombre et mieux équipé. [1]

A Berlin, Margarete commence à travailler à la revue de Presse Internationale, *l'Inprekorr,* financée par les services soviétiques. Elle a pour tâche de glorifier les faits et gestes de la direction du Comité central de Moscou. Malgré la diversité des rédacteurs de toutes nationalités, elle juge les articles ternes et monotones, sans la moindre critique, sinon pour critiquer les dirigeants du parti communiste allemand.

Les rédacteurs se font une joie de s'emporter contre eux. Au sein du Parti, elle ne sent pas tout à fait à l'aise. Lorsqu'elle entend des discours à la pensée unique, elle est prise par le doute, partagée entre sa volonté de ne pas se départir de son sens critique et le sentiment, tout de même rassurant, d'être admise parmi ceux de son unité de base, de participer aux réunions de cellule.

Mais elle trouve ces réunions monotones, les orateurs trop choisis dans la ligne, les discussions où *il n'y a rien à objecter,* les participants *réduits au rôle de spectateurs,* les comptes-

---

1 *La Révolution mondiale* p. 192.

rendus *enthousiastes* sur des *résultats hypothétiques* de l'industrialisation en URSS[2].

2 *La Révolution mondiale* p. 135.

1929 : Margarete Buber-Neumann

La manifestation du 1er mai à Berlin est interdite par le gouvernement. Le parti communiste n'en décide pas moins de maintenir le défilé des travailleurs dans la capitale.

Margarete est sur les lieux lorsqu'elle entend les coups de feu, tirés par les policiers en files espacées qui occupent toute la largeur de la rue, révolver à la main[1].

Les heurts sanglants dans plusieurs quartiers de la ville dressée de barricades durent 14 jours et font 25 tués parmi les civils. L'exaspération est à son comble.

Un jour d'été 1929, Margarete venue chez sa sœur et son beau-frère, y rencontre un jeune homme de 29 ans, Heinz Neumann. Ce militant, éblouissant d'intelligence, habite une chambre meublée dans la maison même de ses amis. La pièce est encombrée de livres.

La rencontre se poursuit un soir, avec une promenade dans un parc. Heinz Neumann se perd dans l'obscurité, puis réapparait, une fleur à la main : *puis-je vous offrir une rose ?* dit-il en lui présentant… un géranium[2].

Au journal l'*Inprekorr*, la direction voit d'un mauvais œil une relation s'établir entre une collaboratrice de la rédaction et un représentant redouté du parti, qui passe pour stalinien. Cela va à l'encontre des tendances du journal, conciliatrices entre les différents courants.

---

1 *La Révolution mondiale* p. 216 - 217.

2 Id. p. 222.

Cette même année 1929, un jeune poète communiste roumain, revient d'un voyage en URSS. De passage à Berlin, il se rend chez Willi Münzenberg et rencontre Margarete et sa sœur. Le visiteur parle de Moscou, de Leningrad et d'autres villes qu'il connait. Il prétend que dans chaque ville, il n'a rencontré que *bluff, égoïsme, injustice* et confie que *le gouvernement de Staline est totalement pourri, que des innocents sont jugés et condamnés à toutes les peines.*[3]

D'abord incrédule, Margarete assimile ce visiteur, Panaït Istrati, aux contre-révolutionnaires. Elle se retient de le traiter de menteur. Peu à peu elle se laisse convaincre par cet homme fascinant. Enfin elle reconnait dans ses propos, une certaine vérité, sa foi politique est ébranlée.

Le bonheur de l'humanité ne m'intéresse qu'à partir du moment où il cesse d'être un bonheur criminel, dit Panaït Istrati *quand de nombreux écrivains écrivent de plates flagorneries en l'honneur de l'URSS.*[4]

Puis, Panaït Istrati s'interrompt, reste silencieux, soulagé d'avoir épanché ses déceptions sans doute aux rares personnes avec lesquelles il a pu parler ouvertement.

Après le krach financier de Wall Street, il s'ensuit une crise économique mondiale. Le nombre de chômeurs monte en flèche, enclenche des mécontentements de révolte en faveur du national-socialisme.

---

3 Id. p. 156.

4 Id. p. 260.

Notamment Romain Rolland et André Gide qui se rétracteront plus tard.

Partis de 31 sièges au Parlement en 1924, descendus à 12 sièges en 1928, les nazis remontent à 107 sièges en 1929.
Tout présage une avancée de la future Allemagne nazie, irréversible.

Le gang qui dirige le Parti national-socialiste s'empare de l'idée de Maurice Barrès qui défendait un *socialisme mal digéré, imbriqué d'ultranationalisme.* [5]

Récupéré par l'idéologie nazie, l'oxymore[6] sera imposé à des millions de sujets.

Aux esprits avisés, il ne fait guère de doute que le national-socialisme n'est plus un embryon de parti, qu'il devient un reptile venimeux avec *toute sa capacité de nuisance.*

---

5 Selon les expressions de Margarete Buber-Neumann.

6 Ouverture sociale/fermeture des nations.

1929 : Weimar avant l'exil

De part leur âge, le milieu politique dans lequel ils évoluent, Margarete et Heinz, Babette et Willi, sont confrontés à tous les évènements de ces dernières années, combats sanglants, grèves, répressions sauvages.

Depuis l'assassinat de Rosa Luxembourg et de Karl Liebknecht, cela fait 10 ans que communistes et socialistes se combattent, se considèrent comme ennemis de classe exclusifs. Cette lutte impitoyable laisse le champ libre aux nazis qui recrutent des militants en masse parmi les désoeuvrés.

En les organisant dans leur appareil, ils mettent sur pied les infrastructures d'une dictature, créent la police SS aux chemises noires qui vient coiffer les SA aux chemises brunes.

Devant l'impossible retour à l'Empire de Guillaume II, les militaires de l'Armée prussienne rejoignent le parti national-socialiste qui, dans ce contexte, convainc les partis de droite et les banquiers à se rallier.

Quant à la population qui vit dans une misère insurmontable, le trio des dirigeants nazis, Hitler, Goering, Goebbels promet d'y remédier, fait miroiter l'ordre, la grandeur nationale. *La bête immonde* [1] à tête triangulaire obtient l'adhésion de la population, assure l'arrivée *d'une période heureuse* grâce au *redressement économique accéléré sans les Juifs*, saluée par des torrents d'exaltation.

---

[1] Ainsi Bertold Brecht nomme les Nazis.

Tirant profit de l'indolence de leur voisin d'Outre-Rhin[2], l'obstination des communistes allemands à lutter en priorité contre les socialistes, le clan de brigands établit un état policier dans l'Etat, et en dix ans, édifie une organisation dictatoriale implacable pour s'emparer du pouvoir.

Folles, les années 1920 le sont d'autant plus que durant cette décennie de crises politiques, les bouleversements ne manquent pas d'être culturels, artistiques, sociologiques ; qu'en contrepoint de l'endoctrinement national-socialiste, les comportements d'une société se libèrent du carcan prussien militaire, religieux, moral, vestimentaire.

En tant que militants communistes allemands impliqués dans la vie politique de la République de Weimar, Margarete et Heinz, Babette et Willi, sont engagés dans une partie contre le retour aux valeurs anciennes de l'Empire germanique. Mais ils ne veulent pas subir, par ailleurs le diktat du Kremlin. Ils affirment haut et fort leur indépendance sans en mesurer toutes les conséquences. Tout à leur projet d'instaurer une *société nouvelle* dans une république idéalisée, ils rêvent d'une entente harmonieuse entre paysans et ouvriers, artistes, journalistes, écrivains et hommes politiques qui auraient leur entière liberté d'expression.

---

2 En France, Charles Maurras ne cesse d'adresser des mises en garde à tous les gouvernements successifs de la IIIème République, communique les chiffres de recrutement de l'armée allemande avec le détail de leur armement.

Toute une jeunesse intellectuelle traverse le cours de *ces années folles,* veut vivre dans l'effervescence culturelle : se passionner pour les mouvements littéraires et artistiques qui bouleversent l'ordre établi et surgissent de France, de Russie, de Suisse, mais aussi d'Autriche et d'Allemagne même.

Le directeur de la *Volksbühne* de Berlin, Piscator, invente une harmonie nouvelle, engage le théâtre dans la politique. Ses mises en scène de théâtre d'avant-garde s'accordent avec l'idéologie communiste et sont des appels à la révolution prolétarienne.

Les musiques d'Anton Webern, d'Arnold Schönberg, d'Hindemith, d'Alban Berg, sont jouées par les grands orchestres ainsi que les œuvres de Mahler, mort depuis peu.

En rupture avec la valse viennoise de leurs parents, cette génération danse le charleston, chante les nouveaux airs de jazz venus d'Amérique avec la voix d'Al Johnson. Les jeunes femmes, dégagées des lourdes robes de taffetas jusqu'aux chevilles, sont en robe légère, raccourcies au niveau du genou. Les cheveux courts donnent un air de liberté, d'insouciance, parfois l'air d'un garçon.

Cette jeunesse exaltée ne sait pas encore qu'elle sera l'élite persécutée par les nazis. Pour l'heure elle rêve de Montparnasse et de Montmartre avec Soutine, Modigliani, Chagall, vénère les lointains Picasso, Braque, Matisse. Mais les nus décharnés d'Egon Schiele – mort à 28 ans – les peintures expressionnistes de Kokoschka et avec elles, celles de son maître Gustav Klimt, occupent les cimaises à Vienne et à Berlin.

Avec enthousiasme, ces jeunes découvrent le phonographe et les disques 78 tours, écoutent la radio, assistent aux séances de cinématographe, bientôt parlant, où sont projetés les films de Charlot, Max Linder, Eisenstein, mais aussi, les films de leur propre pays, de Fritz Lang, Murnau, Pabst.[3]

Cette modernité, acquise par une éducation scolaire rigoureuse, classique, les a pénétré de mythologie grecque. Ils pratiquent le naturisme, l'hébertisme.

Les enfants de la famille Mann, bousculent l'austérité de leur clan, sénatorial, ancestral, protestant. Erika, fille ainée de Thomas Mann[4], joue les sketches anti-nazis écrits par son frère Klaus dont les textes mordants font de leur cabaret *le Moulin à Poivre,* un lieu incontournable à Berlin. Hélas, le mari d'Erika, Gustav Gründgens, qui participe au succès du cabaret, trahira le clan sous le IIIème Reich, devenant une vedette adulée par les proches de Goering. Erika divorce en 1929.

Par contre, Heinrich Mann, frère ainé du Prix Nobel, est dans la mouvance de ses neveux.

Auteur du *Professeur Unrat* qui sera adapté au cinéma sous le titre *l'Ange bleu* et rendra célèbre Marlène Dietrich.

Les intellectuels ont les yeux tournés vers Paris où s'épanouissent les mouvements dadaïste et surréaliste, entrainés par Tristan Tzara et André Breton, Louis Aragon et Paul Eluard.

Mais à Berlin, les tumultueux architectes n'en donnent pas moins le change avec la fondation du *Bauhaus*[5].

---

3 Encore en 1960, des cinéastes reviendront sur la nostalgie et les drames des années folles: Visconti avec *les Damnés,* Minelli avec *Cabaret,* Bergman avec *l'Oeuf du serpent.*

4 Thomas Mann est couronné du Prix Nobel de Littérature en 1929.

5 *Le Bauhaus*: le nom est donné par son directeur en 1919, l'architecte Walter Gropius. Anciennement *institut des Arts Décoratifs,* il devient un courant artistique de l'architecture et du design. Fermé en 1933 par les Nazis, les artistes et les professeurs émigrent aux Etats-Unis.

Les fervents de littérature découvrent les écrits désespérés d'un inconnu nommé Kafka dont certains livres commencent à paraitre, découvrent les avancées psychanalytiques du Docteur Freud, les écrivains autrichiens Hugo von Hofmannsthal, Arthur Schnitzler, Stephan Zweig.Tandis que paraissent successivement : *le Juif Süss* (1925) ; *Hop-là nous vivons* (1927) ; *le Loup des steppes* (1927) ; *la Fuite sans fin*(1927) ; *la Révolte de Santa Barbara* (1928) ; *l'Opéra de quat'sous* (1928) ; *Berlin Alexanderplatz* (1928). [6]

Ces œuvres traversent les frontières, sont lues et connues en France et en Amérique, constituent un témoignage de leur vitalité et de leur talent.

Cette génération qui lit, écrit, dessine, peint, joue, imagine, compose des créations qui seront bientôt offertes à un public allemand conditionné, embrigadé. Sommé d'en rire, ce public devra les tourner en dérision avant de les piétiner, les détruire. [7]

De ces joyaux de l'art moderne, de ces chefs d'œuvre de la littérature, les nazis feront bientôt un feu de joie par les immenses autodafés devant les universités de Berlin et des grandes villes allemandes.

Avant de jeter ces élites hors du pays, les SS saccageront leurs appartements, détruiront les manuscrits, lyncheront leur famille. Une répression dont l'Allemagne sera marquée pour longtemps.

---

[6] Dont les auteurs sont: Lion Feuchwanger, Ernst Toller, Hermann Hesse, Joseph Roth, Anna Seghers, Bertold Brecht, Alfred Döblin.

[7] Les toiles de Kandisky et de Paul Klée provoquent la risée populaire. La politique culturelle nazie aboutira en 1945 à une sorte de point zéro. *Weimar en exil* p.16. Jean Michel Palmier.

Avec violence, rapidité, efficience, les nazis videront l'Allemagne de ces penseurs qu'ils soient communistes, Juifs, républicains, pacifistes, antifascistes, poètes creusant ainsi une saignée profonde dans le pays.

Lorsque bientôt, la montée du nazisme arrivera à son apogée, l'ovulation du reptile accomplie, la République de Weimar comme une coquille se brisera. Il en sortira, reconnaissable à sa tête triangulaire[8], la vipère prête à jeter son venin.

---

8 Hitler, Goering, Göbbels.

2- 1930 – 1939 : une militante

1930 – 1932 : Des vacances sur les plages de la Mer Noire

Au début des années 1930 en Allemagne, le rideau tombe sur l'euphorie des *années folles,* teintée d'une ombre crépusculaire. Il ne fait guère de doute que le national-socialisme est en passe de devenir, par le nombre de ses adhérents, un parti de masse. Poursuivant leur démagogie, les nazis promettent au peuple allemand une première place dans le monde, exaltent leur doctrine comportant des actes d'intolérance, l'obsession de la pureté ethnique, l'exigence de l'origine des citoyens. Le 17 septembre 1930, avec six millions et demi de suffrages au lieu des huit cent mille précédents, ils emportent les élections au Parlement.

Durant les hivers de détresse, le nombre de chômeurs s'élève à plusieurs millions, les assistés plus nombreux chaque jour. Devant l'apathie des pouvoirs publics, la population se tourne vers les nazis. La grande industrie, ralliée à Hitler, verse au parti des subsides considérables, les communistes se trouvent relégués dans l'isolement.

En avril 1931, Margarete Buber-Neumann est invitée pour la première fois, en Union Soviétique, comme déléguée d'une entreprise de grands magasins à Berlin. Elle part avec enthousiasme, se procure à Moscou un drapeau rouge qu'elle veut rapporter, sur lequel sont brodées en lettre d'or : *prolétaires de tous les pays, unissez-vous.*

Elle n'avait, alors, aucune idée des horreurs qu'elle allait découvrir. Les militants qui revenaient d'URSS observaient la *loi du silence.*

A son retour, elle reste pleine de présomptions. Au cours de la cérémonie avec le personnel du grand magasin, elle éprouve un malaise. Les yeux pas tout à fait ouverts, comme au refus de se convaincre par ce qu'elle a vu, elle hésite, inquiète, préfère pour l'instant mettre en attente ses doutes[1].

De Heinz Neumann, les paroles de doute et les lettres à ses amis n'échappent pas à la vigilance de la police secrète. Au cours de l'année 1932, il est appelé à se présenter à Moscou, convoqué pour rendre des comptes. Il espère pouvoir justifier devant Staline qu'il n'a pas sapé la force de choc de son parti en favorisant une scission comme on le laisse entendre.

Mais Staline élude la question, lui demande s'il a pris des vacances et lui propose un voyage pour son plus grand bien. Lui-même compte se rendre à Sotchi, ils pourraient s'y rencontrer. Les formalités réglées par le secrétariat, deux places sont réservées dans une maison de repos sur les bords de la Mer Noire. Les voilà partis, Margarete et Heinz, dans un wagon-lit international, en vacances... invités par le Kremlin.

La maison de repos des hauts-fonctionnaires du régime est située dans un vaste parc. Ils prennent des bains, se prélassent sur la plage. Une auto vient les chercher pour la rencontre avec Staline, dans sa résidence d'été.

---

1 *La Révolution mondiale*, p. 265.

Après avoir beaucoup mangé, bien bu, parmi de nombreux convives, Heinz en revient déçu : la soirée n'a pas donné la possibilité d'aborder les sujets qui le préoccupent.

Après quatre ou cinq réceptions semblables en présence de Staline, le sujet sur ce qui se passe en Allemagne n'est toujours pas abordé.

Plusieurs semaines s'écoulent ainsi, lorsque Heinz est rappelé à Moscou. On lui confie une mission en Espagne où il devra *faire ses preuves s'il veut réparer ses lourdes fautes politiques.*

*

Un processus est bien défini par le Comité central, lorsque les hautes instances veulent éliminer un dirigeant qu'ils jugent défaillant.

Ce processus vient d'être enclenché à l'encontre de Heinz Neumann.

Une méthode pourtant que Margarete et Heinz devraient bien connaitre pour être dans les habitudes du Parti : celle d'envoyer dans un autre pays le dirigeant qui a perdu ses fonctions (c'est le cas de Heinz) avec l'ordre d'appliquer *les strictes directives, de veiller à ses applications s'il veut retrouver la confiance des ses supérieurs.*

On lui laisse croire que la mission est importante tandis, qu'en haut lieu, on la sait impossible d'être menée à bonne fin.

A son retour, suite à l'échec inévitable, les critiques pleuvent. On demande une autocritique. Si l'échec est dû à son incapacité, qu'il le reconnaisse ; ou bien aurait-il perdu la sincérité de ses convictions ? Aurait-il une attitude sceptique à l'égard de la doctrine officielle ? Egaré, il aura sans doute rejoint les déviationnistes, on peut alors le taxer de trotskiste, de contre-révolutionnaire, l'accuser de trahison.

S'il veut se racheter, prouver sa fidélité, il doit *signer des aveux* !

Et les sanctions tombent[2].

*

Ainsi, Heinz Neumann se voit confier la mission impossible : aller en Espagne, auprès du Parti communiste espagnol, convaincre les dirigeants de la fraction indocile, ceux qui agissent selon leurs convictions sans prendre les ordres du Comité central. Rien de moins, on lui demande d'assujettir ces rebelles, de les faire rentrer dans le rang, sachant en haut-lieu, que Heinz lui-même est convaincu du contraire.

La police politique remet à Heinz Neumann un passeport sous fausse identité et tous les titres de transports qui lui permettront de traverser l'Allemagne en plein bouleversement politique – un mois avant l'arrivée d'Hitler au pouvoir – puis traverser la France, arriver en Espagne jusqu'à Madrid.

Duplicité ? Ou farce grotesque ?

---

2 Id; p. 387.

1933 : en exil, le combat continue

Au soir du 30 janvier 1933, dès la nomination de Hitler à la Chancellerie, des milliers de personnes dans les rues de Berlin et des grandes villes allemandes portent les faisceaux, ces torches enflammées, symbole du fascisme. Dans tout le pays, toute une population partage l'enthousiasme.

En réponse, le Parti communiste appelle à la grève générale, l'appel reste sans écho. C'est bien la fin du Parti communiste allemand, la République de Weimar arrivée à son terme[1].

Installée, la police nazie peut laisser libre cours à la traque envers ses adversaires. Elle torture et tue tous ceux qui refusent de se plier à la doctrine officielle.

Provoquée par Goering le 27 février 1933, l'incendie du Reichstag est le prétexte à déclencher une immense vague d'arrestations pour éliminer tous les opposants au régime.

Avec prévoyance et vélocité, Willi Münzenberg et Babette sa compagne, se sont échappés de l'Allemagne nazie. En passant par la Sarre et Metz, dans la Lincoln conduite par leur ami, chauffeur et garde du corps, ils arrivent à Paris.

---

1 Id; p. 302. Le Parti communiste allemand se trouve dans un état de confusion et de décomposition. Son dirigeant Thälmann est sous les verrous. Quelques cadres échappés tentent une réorganisation à Paris. Les camarades restés en Allemagne vivent dans la clandestinité, infiltrés par les mouchards, découverts, abattus par la Gestapo, alors qu'*ils tentaient de s'enfuir*.

Les courriers qu'ils reçoivent de leurs camarades depuis l'exil ne manquent pas de les mettre en danger.

Dès leur arrivée Willi Münzenberg se rend à la rédaction du magazine *Vu* que dirige son ami Lucien Vogel. Cet hebdomadaire illustré existe depuis 1928, transmet des photographies du monde et des reportages des maitres de l'époque : Henri Cartier-Bresson, Brassaï, Man Ray, Gerda Taro ; le directeur Lucien Vogel sympathise avec les proches du Parti communiste français.

Il accueille le couple, l'installe dans sa propriété près de Saint-Germain-en-Laye. Il n'est pas sans ignorer que les *services français* connaissent son ami, ses positions politiques anticolonialistes, leader d'associations communistes, bref un subversif de premier ordre. Mais Gaston Bergery[2] contacté par Lucien Vogel, leur obtient un statut de *réfugiés politiques* afin qu'ils puissent vivre sous leur véritable identité.

Depuis Paris, Willi Münzenberg n'en reste pas moins relié à l'Allemagne par ses réseaux de résistance à la dictature nazie. Il peut ainsi réunir des informations et réaliser son objectif : tout faire pour enrayer l'extension hitlérienne et la dénoncer ; sensibiliser l'opinion française sur les périls nazis.

Dès le 3 mai 1933, le magazine *Vu* N° 268 publie une enquête inédite sur l'Allemagne hitlérienne avec, déjà les images photographiques des camps de concentration ouverts depuis quelques semaines.

Marie-Claude, fille ainée de Lucien Vogel est reporter à l'hebdomadaire de son père. Envoyée spéciale du journal, officiellement comme touriste, elle parvient à rencontrer les

---

2 Gaston Bergery, personnage complexe, ami de plusieurs personnalités de gauche change de cap en 1940, sous le gouvernement de Vichy il est nommé ambassadeur au Vatican. *Willi Münzenberg*, p. 342.

premiers communistes[3] dans la clandestinité, en Allemagne nazie.

Avec leur aide, elle se rend aux abords des camps de Dachau et d'Oranienbourg. Son appareil photos dissimulé sous une écharpe, elle prend les clichés des accès au camp et des clichés de détenus à travers les grillages. Elle réalise ainsi les premiers reportages avec des photos clandestines grâce aux filières de Willi Münzenberg et des militants communistes allemands clandestins qui ne tarderont pas à être éliminés par la Gestapo.

Willi Münzenberg veut faire un relevé de la presse en Allemagne aux mains des nazis. La plupart des gens qui y travaillaient ont été arrêtés, remplacés par du personnel *aux ordres*.

---

3 Marie-Claude partagera bientôt l'existence de l'un des fondateurs du Parti communiste français, Paul Vaillant-Couturier. Directeur du journal *L'Humanité* de 1926 à 1929, député de Paris en 1937, Paul Vaillant-Couturier meurt d'un infarctus quelques jours après son mariage avec Marie-Claude. Marie-Claude Vaillant-Couturier fonde l'*Union des jeunes filles de France* en 1936, assure la direction du service photos au journal *l'Humanité.*

En 1941, elle rejoint la Résistance et poursuit son activité dans la redaction du journal clandestin. Arrêtée par la police de Vichy en janvier 1943, elle est déportée à Auschwitz.

Au début de 1944, Marie-Claude Vaillant-Couturier est transférée au camp de Ravensbrück, avec 7 autres françaises dont Charlotte Delbo. Sans doute, se sont-elles cotoyées avec Anise Postel-Vihay qui deviendra la traductrice en français de *Déportée en Sibérie* dont Margarete Buber-Neumann est l'auteur.

A son retour des camps, Marie-Claude reste communiste inconditionnelle. En 1951, elle témoigne, avec Aragon, contre David Rousset au procès intenté par *les Lettres françaises* à l'auteur des *Jours de notre mort* où il décrit les analogies *des chiourmes hitlériens et staliniens.*

Tandis que Margarete Buber-Neumann témoignera en faveur de Kravtchenko au procès de celui-ci. Voir index p. 136.

A Paris, Willi Münzenberg réorganise le journal *Notre temps* qu'il dirigeait à Berlin. Le journal sort des presses dès le mois de mai 1933.

*

Après ses vacances sur les bords de la Mer Noire, de retour à Moscou, Margarete est informée d'une mission. Dès le lendemain, elle doit prendre l'avion pour Berlin (janvier 1933). On lui remet les billets nécessaires, une mallette à double-fond, une grosse enveloppe qu'elle doit cacher dans ses sous-vêtements, remettre les documents à une adresse indiquée. Elle s'acquitte de sa mission à Berlin.

Au début de février 1933, on lui confie le même genre de mission, des papiers à déposer à Paris.

Puis, de Paris on lui propose à nouveau une mission pour Madrid, cette fois sous fausse identité. On lui remet deux grandes enveloppes pleines de dollars.

A Madrid, les contacts ne sont pas aussi aisés. Si bien que, de cafés en cafés et adresses souvent erronées, elle remet les enveloppes à des membres du Parti communiste espagnol, étonnés de recevoir tant d'argent de Moscou, argent qui était destiné aux émissaires du Kremlin si bien cachés qu'elle n'a pu les joindre.

Margarete est à la joie de retrouver Heinz Neumann à Madrid. Ils échappent ainsi tous les deux à la vague d'arrestations de Berlin le 27 février 1933.

Lorsqu'ils prennent connaissance de ce qui se passe en Allemagne, ils sont effondrés et constatent que le Parti communiste allemand n'a pas pris la mesure du danger, que dans la désorganisation, il est responsable de l'arrestation de ses membres tandis qu'il ne cesse de proclamer une *victoire prochaine de la classe ouvrière*[4].

Pour comble Heinz Neumann apprend que le délégué qu'il est venu remplacer à Madrid s'est *suicidé* le 6 décembre 1932.

Lorsque les conflits au sein du Parti communiste espagnol deviennent de plus en plus fréquents, les inféodés au Kremlin accusent les dirigeants indépendants de saboter systématiquement les directives du Comité central. Ils leur ordonnent de se soumettre et de faire leur autocritique.

Ils démontrent par-là, une méconnaissance de l'orgueil des espagnols, ainsi que leur volonté d'indépendance. Le refus conduit à l'exclusion du Parti de quatre de ses dirigeants (5 novembre 1932).

La mission confiée à Heinz Neumann est devenue la farce grotesque, lui-même militant pour sa propre indépendance vis-à-vis du Kremlin.

La méthode de la police soviétique est appliquée : *une personnalité de premier plan que l'on veut détruire doit être discréditée avant d'être abattue*[5].

À la fin du mois de novembre 1933, un télégramme leur enjoint de quitter Madrid. Ils doivent se rendre à Zurich dans l'attente de leur retour à Moscou.

Heinz et Margarete veulent encore y croire. Ils restent convaincus que l'Union Soviétique est la seule puissance vraiment antifasciste.

---

4 *La Révolution mondiale* p. 319.

5 Id; p. 320.

1934 : d'une prison helvétique...

Pour se rendre en train de Madrid à Zurich, Margarete et Heinz passent par Paris. Ils rencontrent Willi Münzenberg et Babette dont l'attachement à leur égard n'est jamais démenti.

Willi est très informé sur son beau-frère. Il lui fait savoir que des bruits inquiétants circulent sur son compte. Heinz passe pour *arriviste,* moralement *dévoyé,* est considéré comme *hors la loi.* Il leur conseille vivement de ne pas rentrer à Moscou. Il a les moyens de les faire vivre à Paris dans la clandestinité en attendant que la situation évolue et pourraient ainsi échapper à la fois à la police soviétique qui veut les récupérer et à la Gestapo qui a lancé à toutes les polices, un mandat d'arrêt international à leur encontre.

Vivre exclu du Parti est impensable à Heinz Neumann. Que serait la vie s'il était coupé de toute activité politique ? Cela reviendrait à un suicide.

Selon Arthur Koestler : *le névrosé politique porte partout avec lui, son propre rideau de fer*[1].

Leur décision de partir irrévocable, Margarete et Heinz font leurs adieux.

J'ai peur que tu ne sois un cas désespéré dit le beau-frère.

Ils poursuivent leur voyage, munis de leurs faux passeports, les véritables avaient été confisqués dès leur arrivée à Leningrad. Par prudence, à Zurich, ils décident de

---

[1] Id; p. 339.

vivre séparément. Margarete se procure un logement, fait des travaux de traduction pour assurer la vie quotidienne.

Heinz habite chez une famille, souffre de l'inactivité politique forcée, fait des traductions pour quelques subsides. Il est surtout préoccupé par leur sort et ressent l'isolement imposé par le Comité central. Il craint le pire.

De sa propre initiative il entreprend une déclaration de soumission par laquelle il déclare : *en dépit des critiques que lui inspire la ligne directrice, revenir à la ligne du Parti : il reconnait une chaine de lourdes erreurs et infractions à la discipline... avoir tourné le dos à la ligne du Comité central.*

Il reste convaincu de *faire admettre sa sincérité et son dévouement à la cause*. Il répète volontiers, *qu'en dehors du Parti*, la vie *n'existe pas pour lui*[2].

A Zurich, tandis qu'ils restent sans nouvelles consignes, l'autorisation de séjour d'un an obtenue à leur arrivée en Suisse, expire bientôt.

Le 8 décembre 1934, deux fonctionnaires de la police zurichoise se présentent au domicile de Heinz pour le contrôle des étrangers. Les nombreuses brochures, tracts politiques qui sont sur la table, éveillent les soupçons, le mettent en état d'arrestation. Mené au bureau de police, on le reconnait sur une photo du mandat international de recherche lancé par les nazis et dans lequel il est accusé de meurtre. C'est maintenant au Tribunal fédéral suisse de décider de la réponse à la demande allemande d'extradition.

Informée par Willi Münzenberg, la presse française fait savoir à grands cris que Heinz Neumann n'est pas un meurtrier. Sans en référer à Moscou, Willi Münzenberg, cas

---

[2] Id; p. 338.

unique dans le Parti, agit en toute indépendance ; il organise, en France, une pétition en faveur du détenu pour faire pression sur le gouvernement suisse, le conjure de rejeter l'extradition. Romain Rolland, André Gide, André Malraux, Henri Barbusse, Paul Langevin signent la pétition. Le Tribunal fédéral rejette la requête allemande.

Les nazis réagissent, lancent un deuxième mandat d'arrêt international. Heinz Neumann restera plusieurs mois en prison en Suisse.

A Berne, lorsque le deuxième rejet d'extradition est prononcé, il est conditionné à l'expulsion du territoire helvétique de Heinz Neumann.

Tous les pays sollicités refusent d'accueillir *ce dangereux agent communiste.*

L'Union Soviétique magnanime, fait savoir qu'elle *ouvre* ses frontières pour *sauver* Heinz Neumann[3], sans doute pour récupérer ce rebelle, mieux le broyer.

Le détenu est conduit par deux policiers suisses, à travers la France jusqu'au port du Havre où un cargo de transports soviétique l'attend pour l'embarquer.

Entretemps, Margarete s'est réfugiée à Paris avec le soutien de sa sœur et son beau-frère. Elle ne manque pas d'être impressionnée par leur intense activité, l'immense tâche qu'ils accomplissent, les moyens énormes dont dispose son beau-frère, consacrés à la lutte contre l'Allemagne nazie.

Entrevoit-elle pour elle-même et son compagnon qu'ils avaient tous deux, naturellement leur place dans cette action,

---

3 Termes de la campagne de presse.

qu'il était possible de poursuivre le combat contre les nazis sans l'appui de Moscou ?

Une des tâches auxquelles se consacre Willi Münzenberg est celle d'établir les preuves de la responsabilité des nazis dans l'incendie du Parlement à Berlin. A cet effet il entreprend la réalisation d'un ouvrage le *Livre Brun*, riposte à la propagande de Goering, réquisitoire dénonçant les mensonges, la teneur et les crimes de la Gestapo, apportant une documentation considérable et des témoignages sur la violation des libertés.

Il fait appel à Gustav Regler pour les recherches, à Arthur Koestler pour la rédaction et la composition du livre. Il assurera lui-même la publication sous le nom de *Livre Brun*.

Gustav Regler se procure les photos du bâtiment du Parlement à Berlin, surtout celle où l'on peut distinguer un couloir dans des souterrains reliés à un passage qui mène à la résidence de Goering Président du Parlement[4].

Une jeune photographe Gisèle Freund, remet des documents sur les actions antisémites, en cours, en Allemagne.

Le *Livre Brun* démontre, déjà, l'existence de 45 camps de concentration où sont détenus des dizaines de milliers d'opposants, décrit les chambres de tortures, consacre un chapitre à la persécution des Juifs. Avec 285 pages, le *Livre Brun* est traduit en 10 langues, publié en France, Pays-Bas, Suède, Tchécoslovaquie, Danemark, Finlande, Union Soviétique, Pologne, Roumanie, Espagne.

---

4 *Willi Münzenberg* p. 361.

Le tirage atteint 1 million d'exemplaires en quelques semaines[5]. Repris en outre par de nombreuses revues et publications, il déclenche des réactions violentes des nazis qui se déchainent contre le concepteur.

Les agents de la Gestapo qui surveillent ce militant communiste sont aidés dans leur tâche par certains membres de l'extrême-droite française, qui déjà cherchent des liens dans quelques objectifs communs[6].

Willi Münzenberg a bien trop à faire pour s'en préoccuper. Il organise des actions de secours pour les mineurs des Asturies qui viennent de subir une répression sanglante.

Tandis que Margarete qui suit tous ces évènements reste attentive au sort de son compagnon. Lorsqu'elle apprend son extradition de Suisse et son transfert imminent vers la France, elle se précipite au Havre pour l'accueillir sur le cargo soviétique qui doit les embarquer pour l'URSS.

---

[5] Le *Livre Brun* est publié par les *Editions du Carrefour*. Ces éditions sont cédées pour la circonstance à Willi Münzenberg par son fondateur Pierre Lévy.
Les Editions du Carrefour éditaient *la Revue Bifur* à caractère révolutionnaire, à laquelle collaboraient : Paul Nizan, Michel Leiris, André Malraux, Blaise Cendrars. Sous la direction de Willi Münzenberg paraitront: 45 livres, 11 brochures, les portraits de 33 nazis, 500 pages sur le réarmement allemand, des rapports d'enquêtes, une nomenclature de la hiérarchie nazie.
A l'initiative et au financement de Willi Münzenberg l'équipe est dirigée par sa compagne Babette. Arthur Koestler, Gustav Regler, Anna Seghers apportent leur contribution.
Malraux y publie *le Temps du mépris* – Aragon y publie la version allemande de *Les cloches de Bâle.*

[6] Le parti d'Eugène Deloncle*, extrême-droite fasciste, en partie financée par Mussolini. Voir index p. 132.
* voir index p. 134.

Durant les dix jours de traversée, en vogue vers Leningrad, ils ont tout le temps de parler. Elle informe son compagnon de la situation en Union Soviétique.Le bruit court que leur ami Besso Lominadze* a été arrêté, accusé d'être un *misérable déviationniste aux mains des trotskistes.* Il se serait tué – *de deux balles !* – dans la voiture qui le conduisait à l'interrogatoire[7].

Affecté par la mort de son ami, Heinz Neumann reste silencieux tandis que lui reviennent en mémoire les propos de leur dernier entretien au cours duquel Besso Lominadze demandait à Heinz d'admettre la *fin du rêve stupide, que le temps de n'engager sa vie qu'avec le Parti* était révolu ; qu'il était temps de porter un regard impitoyable sur les militants dont les agissements et les vues divergent des représentations idéalisées qu'il avait construites, qu'il est temps de *prendre conscience de la situation réelle.*

Heinz peut alors confier à sa compagne : *donc ils nous arrêteront nous aussi, à Leningrad*[8].

---

7 Au cours d'une conversation seul à seul, Lominadze lui confie que Staline veut étouffer tout ce qui reste de liberté. Devant l'étonnement de Heinz, il le traite de *stupide rêveur qui ignore tout de la situation réelle en Union Soviétique.*

8 Id. p. 344.

1935 - 1936 : ... à une prison soviétique

Contrairement à toutes leurs prévisions, Heinz Neumann et Margarete débarquent, début mai 1935, à Leningrad sans être arrêtés. Comme c'est l'usage, on leur confisque les faux-passeports sans que les vrais leur soient rendus. On leur remet un permis de séjour et des billets de train pour Moscou où ils sont attendus.

A Moscou la police politique leur octroie une chambre à l'hôtel Lux, aussitôt suivie d'un cafouillage, le contre-ordre à déménager. A ces caractères indociles exacerbés par les incertitudes, il appartient de tenir tête. Ils refusent de quitter les lieux[1].

A l'hôtel Lux, il règne une atmosphère étouffante. Les chambres sont munies d'appareils d'écoute, le courrier surveillé, chaque visiteur recensé, des documents doivent être remplis – des questionnaires – dans lesquels chacun reconnaitra ses fautes politiques.

Les anciens amis n'osent plus venir les voir ni leur téléphoner.

Ils apprendront plus tard que, depuis leur arrivée à Moscou, ils sont notés comme *politiquement suspects.* En constatant l'atmosphère de méfiance et d'insécurité qui règne dans le pays, ils comprennent se trouver dans un isolement complet.

---

1 Heinz et Margarete ne savent pas que leur ami Pianitski les protège à leur insu. Id. p. 344.

La commission de contrôle ne tarde pas à convoquer Heinz Neumann pour les interrogatoires. C'est son ami Pianitski qui le reçoit avec bienveillance. Il lui laisse entendre que l'air ne lui vaut rien en URSS et lui propose une mission au Brésil.

Heinz et Margarete saisissent cette perche tendue par un ami, acceptent la mission au Brésil, reçoivent des instructions et une préparation de base jusqu'à la date du départ prévu en juillet prochain. Entretemps, Pianitski est relevé de ses fonctions, le voyage est annulé[2].

Désormais ils n'ont plus aucune possibilité de quitter le pays et restent à la merci du Comité central.

C'est le temps où Staline règle ses comptes avec ses anciens rivaux : Zinoviev, Kamenev condamnés ; Kirov éliminé, assassiné par la police ; selon Victor Serge des milliers de citoyens arrêtés ; les révocations de hauts fonctionnaires intensifiées ; les exécutions sommaires, immédiates[3].

Ordre est donné à Willi Münzenberg, par le Comité central, de ne rien décider sans leur accord préalable. Sans en tenir compte, il entreprend de mettre sur pied un réseau d'accueil pour les réfugiés espagnols mis à mal par Franco. Il autorise de nombreux collaborateurs de ses services à Paris, à partir en Espagne pour aider les Républicains et recueillir des

---

2 Pianitski sera exécuté le 29 juillet 1938 sans avoir cédé au chantage de la reconnaissance de ses fautes, sans avoir reconnu des aveux.
Au Brésil, les grèves générales, insurrections, violents combats à Rio de Janeiro et à Récife sont écrasés par la police. Cette cuisante défaite est interprétée comme un triomphe par le Parti communiste. Id. p. 350.

3 Victor Serge, écrivain libertaire est déporté dans l'Oural depuis 1933. Romain Rolland, lors d'un passage à Moscou, reçu par Staline, obtient sa libération et son retour en France.
Isaac Babel est fusillé en 1940, accusé de subjectivisme bourgeois. Boris Pasternak est assigné à résidence.

informations. Il délègue Arthur Koestler sur le front espagnol, afin de rapporter les preuves de l'engagement militaire de l'Allemagne et de l'Italie aux côtés des franquistes.

Invités en URSS par le Comité central, Willi Münzenberg et Babette constatent à Moscou, l'ampleur des vagues d'arrestations, la disparition de leurs anciens amis. Ils restent inquiets lorsqu'ils apprennent que certains amis sont introuvables, d'autres font mine de les éviter, Radek arrêté[4].

Une enquête est ouverte sur les actions de Willi Münzenberg, sommé de répondre de son manque de *vigilance révolutionnaire* et de ses relations avec des *personnalités françaises bourgeoises.*

Flairant le danger, il n'a qu'une idée en tête, quitter l'URSS au plus tôt. Son passeport entre les mains de la police, il joue la grande scène, saisit l'urgence de son retour en France pour organiser l'envoi d'armes à la République espagnole en péril. Il frappe du poing sur la table, récupère passeports, visas de sortie, billets de train et liquidités. Avec Babette, ils sautent dans le premier train pour Paris[5].

À Paris, tandis qu'un peu de sérénité est retrouvée, les ordres et les convocations impératives de se rendre à Moscou, ne cessent de se succéder.

Il ne voulait plus jamais retourner là-bas dit Babette, sa compagne.

*

[4] Radek était délégué de Moscou auprès du Parti communiste allemand, avant 1933. Willi Münzenberg l'avait bien connu à Berlin.

[5] Il n'est pas à exclure, que la scène du poing sur la table soit décisive. Staline lui-même a pu donner son accord à ce départ précipité sachant Willi Münzenberg irremplaçable pour l'envoi des armes aux républicains espagnols. *Willi Münzenberg*, p. 386.

A Moscou, quand l'éditeur officiel du Parti vient leur remettre en un volumineux dossier, le protocole des minutes du *procès des seize accusés* reconnus coupables le 19 août 1936 d'être une bande *d'assassins trotskistes,* Margarete et Heinz Neumann doivent, dans l'urgence, le traduire en allemand[6].

Heinz Neumann doit aussi, remettre des déclarations sur ses *fautes politiques,* s'expliquer sur des *propos critiques* qu'il aurait tenus, rapportés par des mouchards.

Dimitrov, secrétaire général du Comité central lui tient ce propos (fin 1936): *Je vous parle de la part du camarade Staline. Je vais essayer de vous ramener au nouveau type de bolchevik. Dans ce but, je vous propose d'écrire un livre sur le VIIème Congrès mondial du Komintern dans lequel vous démontrerez la justesse de sa ligne et où vous ferez, avant tout, la critique de vos propres fautes politiques.*

Cela pourra contribuer à rendre possible votre maintien dans le Parti.

Après quelques semaines, on lui demande à quel point en est son travail. Heinz Neumann répond qu'il n'a rien à remettre. La demande réitérée plusieurs fois, la réponse reste la même.

Jusqu'à cette nuit où des coups violents sont frappés à sa porte. Trois agents de la police politique viennent l'arrêter.

Ce souvenir me revient sans cesse[7] écrit Margarete Buber-Neumann.

---

6 Zinoviev, Kamenev et 14 autres accusés sont condamnés à mort le 24 août 1936, exécutés le lendemain.

7 *Déportée en Sibérie.* P. 19.

1937 : arrêtée à son tour

C'est dans la nuit du 27 au 28 avril 1937 que les trois fonctionnaires de la police se sont présentés vers une heure du matin, dans la chambre de Heinz et Margarete, à l'hôtel Lux. Après les fouilles, la saisie des papiers et des livres, les lettres et photographies jetées à terre, les tiroirs arrachés, Heinz Neumann embarqué, Margarete se retrouve seule, socialement déclassée.

Devenue *femme de détenu*, on lui octroie une autre chambre, sur la cour, dans un trou sombre, là où sont logées les familles des communistes non-russes qui sont en prison.

Dans cet ancien bâtiment, se retrouvent des vieilles femmes polonaises dont le mari bolchevik militait aux premières heures de la révolution en 1917. Et des jeunes femmes allemandes, comme elle, poursuivies par les nazis, réfugiées en URSS, compagnes de militants déçus du communisme, en disgrâce comme elle, en attente d'une probable arrestation.

Le soir, elles chantent ensemble *le Chant des marais*[1].

La conséquence directe de cette mise à l'écart est la perte de leur travail. Margarete est renvoyée de la *Maison d'édition*

---

[1] En 1937, *le Chant des marais,* ou *Chant des déportés,* est déjà connu des femmes allemandes qui ont un mari détenu dans les camps allemands des regions marécageuses. Le chant se transmet d'un camp à l'autre jusqu'à Auschwitz et devient le *chant des déportés* dans tous les camps. Il est connu en France en 1944. Les paroles sont de Johann Esser et du metteur en scène Wolfgang Langhoff, eux-mêmes détenus dans un camp.

des ouvriers étrangers, ce qui lui rend impossible de trouver un autre emploi.

Afin de survivre, elle vend, au marché aux puces, ses objets, livres, poste de radio, vêtements. Dès lors, ceux qui la connaissent baissent les yeux lorsqu'elle les croise. Et les nuits se passent dans l'attente d'une arrestation, la valise prête à ses côtés.

En face de la Loubianka, siège tristement célèbre de la police politique, se trouve le bureau de renseignements où les familles sont censées être informées sur les détenus. Devant les guichets, une longue file d'attente de gens attendent dans une même angoisse. Lorsque arrive le tour de Margarete *un niet* cinglant coupe court à toute autre question. *Non, Heinz Neumann est inconnu à cette prison.*

Il lui faut faire le tour des autres prisons de Moscou, pour s'informer dans laquelle il est interné.

De nombreuses familles passent leurs journées à chercher, d'une prison à l'autre, où sont emprisonnés leurs proches. Il s'agit de savoir à quel établissement verser les 50 roubles mensuels qui seront remis au détenu, pour les besoins immédiats, seule faveur qui lui soit accordée. Les familles s'entendent souvent dire : *10 ans, ou 20 ans, ou fusillé.*

Après de longues files d'attente sans résultat devant les guichets des prisons Loubianka, Sokolniki, Boutirki, Lefortovo, Margarete refait le tour des prisons jusqu'à ce qu'elle obtienne que son argent soit accepté. Heinz Neumann est bien à la Loubianka.

Par la poste restante et à travers de nombreuses difficultés, des nouvelles de Paris parviennent à Margarete. Sa sœur Babette et Willi, l'informent sur la situation politique en France qui n'est pas rassurante. En retour, les nouvelles qu'elle leur adresse ne le sont guère plus. Ces nouvelles de Moscou, laisse son beau-frère désemparé, démoralisé, d'autant plus conscient d'avoir échappé de justesse à son arrestation[2].

Afin de remédier à sa dépression, des amis attentionnés mettent à sa disposition l'ancienne demeure de Chateaubriand, la *Vallée aux Loups*. Il y passe quelques semaines en compagnie de son ami Kurt Kersten[3].

Autour de lui, l'étau se resserre, la police soviétique le menace d'exclusion du Parti, lui transmet des ordres de rentrer à Moscou, le tient sous surveillance et sous pressions continuelles. Il décide de demander protection à la police française[4].

---

[2] Willi Münzenberg est effaré d'apprendre que Radek après avoir imposé la politique officielle aux communistes allemands, est accusé d'un nombre de crimes et de trahisons, dont Radek s'accuse lui-même, et qu'il n'a pu commettre. Radek sera assassiné *par des co-détenus.*

Willi Münzenberg apprend également que les chefs d'Etat-major de l'armée sont exécutés, que les vieux compagnons de route, convoqués à Moscou, depuis des pays étrangers dont la France, sont arrêtés dès leur descente de train.

[3] Kurt Kersten, ami de Willi Münzenberg, l'accompagne dans toutes les actions. Il sera l'un des premiers à enquêter sur les circonstances de la mort de son ami en 1940 –*Willi Münzenberg* p. 478.

[4] Quelques intellectuels français qui soutiennent la cause de l'URSS, sont accablés par la terreur qui règne dans le pays. Pour s'en dégager André Gide publie en juin1937, *Retouches à mon retour d'URSS.* Il décrit ce qu'il avait passé sous silence dans son ouvrage précédent : *Retour d'URSS*. Il ose parler d'un dictateur implacable masqué par l'enthousiasme des masses.

Aragon, Romain Rolland, qualifieront André Gide d'*écrivain bourgeois.*Il en restera marqué même après avoir reçu le Prix Nobel de littérature, dix ans plus tard.

Le 15 août 1937, les admonestations restées sans suite, la presse communiste se déchaine contre lui, l'accuse d'entretenir des liens étroits avec les trotskistes.

La décision est prise à Moscou le 11 novembre 1937 :*il faut liquider Willi Münzenberg*[5].

*

Ce même mois de novembre 1937, Heinz Neumann est exécuté dans les caves de la prison Loubianka, sans jugement. Sa compagne n'en est pas informée. Elle restera sans nouvelles, incertaine sur son sort jusqu'en 1945.

Margarete ne comprenait pas l'attitude de son compagnon qui refusait d'écrire les aveux qu'on lui demandait puisque, à ce prix il pouvait avoir la vie sauve, du moins on le lui laissait entendre.

Mais Heinz Neumann n'était plus, comme l'an passé, en mesure d'écrire une auto-accusation sans se détruire. Ces aveux-là pourraient sembler peu sincères à ses enquêteurs. Dans sa crédulité, Margarete n'avait pas saisi le mécanisme que Heinz, désormais connaissait bien : s'il reconnaissait par écrit ses fautes, ces fautes seraient jugées insuffisantes. Il serait astreint à en reconnaitre – à en inventer – d'autres, d'autres encore, jusqu'à s'accuser d'être le plus infâme des criminels et des comploteurs.

Perdu pour perdu, il a refusé la soumission.

Le 19 juin 1938, la police politique se présente devant Margarete Buber-Neumann avec un mandat d'arrestation.

---

5 Id. p. 503.

Elle remarque que ce mandat est établi déjà depuis le 15 octobre 1937.

Entre deux agents, elle est embarquée vers la prison de Boutirki à Moscou.

1938 : emprisonnée à Boutirki

Il est stipulé dans la réglementation du régime que *les épouses et les enfants majeurs sont responsables des délits politiques de leur mari ou de leur père.* Ainsi, suite à l'arrestation de Heinz, nul n'est besoin à Margarete d'être coupable d'un délit pour justifier une arrestation.

A son arrivée à la prison de Boutirki, elle est poussée à l'intérieur d'une cellule. *La cellule 31,* dit-elle, *comme un établissement de fous où sont enfermées en surnombre une centaine de femmes presque nues, accroupies, couchées, recroquevillées sur les planches, serrées les unes contre les autres, l'air à peine respirable chargé de puanteur, en une inextricable mêlée. Parmi les cent visages, elle distingue les luisants, les gémissants, les vomissants, toutes ont perdu le sentiment de leur corps*[1].

Margarete se rend compte que la plupart des détenues se disent victimes de calomnies, qu'elles sont emprisonnées par erreur ; elles rivalisent encore de dévouement au Parti, restent fidèles, sûres de leur innocence, sans admettre l'innocence des autres détenues. Toutes sortent humiliées de la *fouille corporelle* obligatoire. Margarete enrage *de ne pouvoir de ses dix doigts, écraser la face lunaire de cette gardienne militante.*

Les interrogatoires se passent la nuit. Dès l'appel la détenue doit se tenir prête, vite.

---

1 *Déportée en Sibérie* p. 37. Margarete Buber-Neumann Ed. Du Seuil 1949.

Parmi les chefs d'accusation, il est retenu contre Margarete Buber-Neumann : *organisation et agitation contre l'Etat soviétique*[2].

Sommée de reconnaitre les accusations, elle oppose des dénégations à ses censeurs, s'obstine à nier.

Il est ajouté *trotskiste* à son inculpation.

*

Dans les autres pays d'Europe en 1938, la vie politique est surchauffée par l'agression allemande en Autriche. Mais les autrichiens, plutôt que de s'indigner, accueillent les forces allemandes par des acclamations. Les démocraties en restent paralysées.

A Paris Willi Münzenberg, Arthur Koestler, Manès Sperber, Kurt Kersten forment une équipe de camaraderie, d'opinions communes, impatients d'activités. Ils fondent un hebdomadaire, *Die Zukunft – L'Avenir* – édité à la fois en langue allemande et en langue française.

Dirigé par Arthur Koestler, le journal publie des articles inédits d'écrivains allemands en exil : Alfred Döblin, Lion Feuchtwanger ; Joseph Roth ; Stephan Zweig ; Arnold Zweig ; Ludwig Marcuse.

Le public accueille ces articles avec enthousiasme ce qui incite l'équipe dirigeante à fonder l'*Union franco-allemande,* composée essentiellement d'allemands antinazis dont l'objectif est d'unir les idéaux de paix, de liberté, de démocratie[3], dans une perspective optimiste, une fois le

---

2 *Déportée en Sibérie* p. 55.

3 *Willi Münzenberg* p. 519.

nazisme abattu, de former une nouvelle organisation franco-allemande, de l'Europe.

L'union franco-allemande connait un essor étonnant avec le ralliement de parlementaires, de francs-maçons, de démocrates-chrétiens qui, pour de nombreux d'entre eux, se retrouveront plus tard dans la Résistance.

Le 30 septembre 1938 les désastreux accords de Munich sont signés par la France et la Grande-Bretagne, tandis qu'en URSS, Molotov remplace Maxime Litvinov au ministère des Affaires étrangères. Celui-ci, d'origine juive et partisan d'un projet de sécurité entre l'URSS, la France et la Grande-Bretagne est limogé. La nouvelle politique de Staline est de reprendre les négociations avec Berlin qui aboutiront l'année suivante à l'*accord germano-soviétique.*

A Moscou, les prisonniers aux mains des enquêteurs subissent des interrogatoires longs et fastidieux, au ton de violence insupportable. Les questions posées à répétition, reprises par des policiers successifs ont pour but d'annihiler le détenu, le réduire à merci afin de lui faire signer ses aveux.

L'enquêteur peut alors sortir de la confrontation en vainqueur, diriger le détenu vers un goulag. Si un détenu s'obstine dans le refus de signer ses aveux, il risque le peloton d'exécution.

En tant qu'épouse d'un agitateur, supposée ne pas être activiste elle-même, Margarete est reconnue coupable des chefs d'accusation qu'elle a niés. Elle est condamnée sans jugement à 5 ans de camp de travail et de rééducation comme *élément socialement dangereux*, signé Béria[4].

Elles sont 18 condamnées à se préparer pour la déportation à Karaganda. Les gardes font monter les détenues dans le *corbeau noir*[5], camion de transport équipé de cellules grillagées.

---

4 *Déportée en Sibérie* p. 72.

5 Panier à salades.

3- 1939 – 1945 : une survivante

1939 : dans le camp, à Karaganda

Après plusieurs jours de train, des milliers de kilomètres séparent de Moscou les quinze femmes du compartiment de chemin de fer russe, sans fenêtres ni éclairage, des grilles à glissières en guise de porte.

Elles arrivent dans la gare de Karaganda, autrefois appelée *la Steppe de la faim*, le temps où les Kazakhs vivaient en nomades, où il n'y avait aucune construction. Ce sont les détenus qui ont commencé à cultiver la steppe, à entreprendre les constructions, à partir de 1932.

Etant donné la dimension gigantesque de la région, plusieurs camps ont été édifiés à 40 km ou 50 km les uns des autres, sans routes pour les relier, à travers la steppe. Des lamentables huttes de terre pour abriter les hommes et les femmes qui travaillent, des étables pour le bétail, Margarete n'en a pu évaluer le nombre.

Dès leur arrivée, les détenues passent 15 jours en quarantaine dans le camp central, seul camp à posséder une tour de guet et une longue clôture de fils barbelés.

Dans la baraque pour femmes, plusieurs planches en étages tiennent lieu de couchettes, les punaises par grappes entrent jusque dans les narines.

Les prisonnières délinquantes de droit commun regardent les détenues politiques avec mépris. Elles les considèrent comme *ennemies du peuple*, elles-mêmes convaincues d'être bonnes citoyennes politiquement correctes ; à leurs yeux, Margarete est une *fasciste allemande*[1].

Les petites maisons avec rideaux aux fenêtres sont réservées au commandant du camp, aux membres de la police, aux soldats de garde, à l'administration. Ils disposent d'un haras avec des écuries mieux construites que les baraquements.

Margarete travaille aux champs avec les Kazakhs. Elle est effarée d'apprendre que l'unique espérance de ces paysans est, un jour, l'arrivée d'Hitler qui viendra les libérer du joug soviétique[2].

Au cours de ces deux ans, Margarete est plusieurs fois transférée dans différents districts. Les déplacements se font à pied et plusieurs jours de marche, ou sur une voiture à bœufs.

Dans tout le Kazakhstan, le travail consiste à la mise en culture de la steppe. Les travaux aux champs se font avec ou sans moissonneuse, selon la disponibilité. Les détenues spécialisées dans la lutte contre la brucellose, maladie mortelle pour les animaux, peuvent être contaminées, par cette maladie transmissible à l'homme.

Les autres secteurs de l'immensité du Goulag imposent aux détenus la spécificité qui leur est propre : en Sibérie centrale et en Carélie, le travail consiste en abattages d'arbres et découpage en planches. Dans l'Oural prospère l'industrie lourde. Au cercle polaire dans la Kolyma, c'est l'extraction

---

1 *Déportée en Sibérie* p. 128. Margarete Buber-Neumann Ed. du Seuil 1949.

2 La propagande allemande est efficace dans de nombreuses républiques soviétiques notamment en Ukraine.

de l'or qui est privilégiée ; en Extrême-Orient sibérien, prolifère la construction des villes.

La police politique, propriétaire de cette population de détenus, les condamne à des déportations suivant les besoins de la colonisation. Les juges d'instruction ne tiennent aucun compte de l'innocence des prévenus.

Abattues par la dureté du travail, abruties par les gardes, affaiblies par la faim, démoralisées par le manque d'hygiène, les détenues peuvent être mises au block disciplinaire sans savoir pourquoi.

Autour d'elle, Margarete côtoie une jeune fille de médecin, une violoniste, une pianiste, une spécialiste de zootechnie, des asociales, d'anciennes fonctionnaires qui portent encore leur beau linge, des femmes de communistes allemands, des femmes professeurs de langue, une chanteuse d'Opéra, une cantatrice, une danseuse. Lorsque le froid descend au-dessous de moins 30° les détenues sont dispensées de sortie.

Parfois, un jour supplémentaire sans sortie est accordé, lorsqu'une tempête de sable arrive de Mongolie : *les plantes épineuses s'animent,* dit Margarete, se *heurtent par centaines dans de vastes tourbillons et s'élèvent dans les airs, dans un ciel de soufre.*

La tempête de sable qui déferle, les *tourbillons de plantes épineuses,* ressemblent étrangement aux vents du Baragan[3] qui emportent sur les chardons, les jeunes de Roumanie en mal de vivre.

---

[3] Margarete Buber-Neumann a connu Panaït Istrati à Berlin en 1929. Voir p.32.

En Sibérie, il n'est pas d'évasion possible même imaginée avec *les vents de Mongolie,* vents de nulle part, dans cet espace inconnu. A qui viendrait l'idée saugrenue de s'évader, une mort certaine l'attendrait dans la steppe desséchée.

C'est le vent de l'histoire qui décide : le 23 août 1939, Hitler et Staline s'accordent sur le partage de la Pologne. Une clause secrète prévoit les échanges respectifs des prisonniers détenus par les deux puissances. Margarete est directement impliquée par cette clause.

*

Le pacte germano-soviétique provoque dans les démocraties une consternation générale et dans le monde ouvrier, un désarroi total. A Paris, le Parti communiste cafouille, désorienté. Dans un premier temps il demande à ses membres rappelés sous les drapeaux de rejoindre leur régiment. Maurice Thorez, secrétaire général du Parti, montre l'exemple, rejoint son unité.

Le journal l'*Humanité,* au contraire, soutient le pacte, les exemplaires du 25 août 1939 sont saisis. En France, la confusion règne chez les militants. Ceux qui sont indignés donnent leur démission, ou sont exclus. Les fidèles soutiennent le pacte, d'autres restent pacifistes. Paul Nizan révulsé, démissionne du Parti suivi par quelques milliers de membres[4].

---

[4] Paul Nizan s'attire les foudres du Parti, accusé de traitre. Il tombe au combat à Dunkerque en 1940.
En 1947 Jean-Paul Sartre entreprendra de prouver son innocence à la tête d'un mouvement d'intellectuels.

Le Comité central ne tarde pas à réagir et adresse des directives au siège du Parti à Paris. Il est enjoint à ses membres, de soutenir le pacte. La conséquence est immédiate : le Président du Conseil, Daladier, frappe le Parti d'interdiction.

A Maurice Thorez, un télégramme du Kremlin lui ordonne de rejoindre Moscou[5]. Il obtempère, déserte son régiment, passe clandestinement en Belgique, puis par la Suède arrive à Moscou le 8 novembre 1939.

Quant à Willi Münzenberg qui a déjà rompu avec le Parti, il peut trouver sa liberté de parole vis-à-vis de Staline qu'il accuse de trahison[6].

Tous ses projets, toutes les associations de lutte contre l'Allemagne hitlérienne qu'il a créées deviennent caduques, inopérantes depuis la déclaration de guerre. Mais ses réseaux d'information, clandestins, fonctionnent. Il ne cesse de transmettre aux services du renseignement français et britannique, des rapports sur les 500.000 ouvriers qui travaillent nuit et jour dans les usines d'armement en Allemagne, sur les fortifications construites près des frontières françaises, sur les cadres, dans les usines, remplacés par des nazis.

---

[5] Maurice Thorez séjourne à Moscou de 1939 à 1944. Une version officielle est élaborée par le Parti à l'usage de ses membres par laquelle il serait en France jusqu'en 1943, puis aurait rejoint Moscou.
Depuis Moscou, Maurice Thorez reste en contact avec la Résistance clandestine en France. En janvier1944, il demande au général de Gaulle de rejoindre la France Libre, qui refuse. Maurice Thorez est autorisé à son retour en France par le gouvernement le 28 octobre 1944. Il retrouve sa place dans le Parti.

[6] *Willi Münzenberg* p. 523.

Willi Münzenberg parvient à introduire clandestinement en Allemagne, des tracts antinazis, en passant par la Suisse. Son ultime article est publié dans son journal l'*Avenir*, le jour de l'invasion de la Belgique par les blindés allemands.

Les ressortissants allemands ou apadrides d'origine allemande, résidant dans le département de la Seine, âgés de 17 à 55 ans, hommes ou femmes, doivent se présenter le... à ... pour être internés.

Ce texte est publié par l'administration française républicaine et diffusé à la radio le 10 mai 1940.

Docilement, Willi Münzenberg et Babette font confiance au gouvernement français, se rendent au stade de Colombes aménagé en camp de transit.

Pour notre sécurité, nous serons dirigés vers le Sud de la France[7]*, écrit Babette.*

Au stade de Colombes, rien ne se passe comme prévu. Ils sont séparés, Babette acheminée au camp de Gurs dans les Basses Pyrénées, Willi dirigé dans un camp à Chambaran, entre Isère et Drôme. Tous deux internés, sont surveillés par des gardes mobiles en armes, français.

Désormais sur un immense territoire, depuis la France jusqu'à Vladivostok, se dressent des centaines de camps, pandémie du XXème siècle.

A des degrés divers, aux tristes distinctions, ces camps sont dénommés d'hébergement, de réfugiés, de transit, de prisonniers, du stalag, de l'oflag, de redressement, de

---

[7] *Willi Münzenberg* p. 541.

rééducation, de travail, du lager, du goulag, de déportés, de concentration, d'extermination, entre autres, camps de la mort. Quand ils ne sont pas désignés du seul lieu géographique : les Milles, Drancy, Auschwitz, Kolyma.

De par sa dimension démesurée, le camp de travail de Karaganda, est dépourvu de la double enceinte de fils de fer barbelés. Un jour, Margarete reçoit l'ordre de transport au camp central. Elle doit se tenir prête avec sa valise pour un départ.

Séance de photos d'identité, d'anthropologie, prises d'empreintes digitales, questionnaire à signer par lequel elle n'a aucune plainte à formuler, signature.

Margarete se prend alors à rêver : *libre ? Est-il possible que je sois libérée ?*

3 février 1940 : livrée aux Allemands

Les questions se multiplient chez les détenues désignées à se tenir prêtes à un transfert. Elles sont étonnées de ce regroupement entre Allemandes et des dispositions inhabituellement bienveillantes à leur égard : petits-déjeuners avec pain et beurre, œufs, thé, habillées de jupes sombres, blouses de flanelle bleu-marine, jaquette demi-longue, livres à leur intention.

On leur demande de signer l'avis d'expulsion du territoire soviétique. Klara Valter refuse de signer tant que ses deux enfants ne lui seront pas remis. Klara disparait sans que l'on sache ce qu'elle est devenue. De même disparaissent l'actrice Carola Neher et l'épouse du poète assassiné par les nazis, Zenzl Mühsam.

Margarete signe l'avis, ainsi que Betty Olberg. Elles ne sont plus que deux à monter dans le camion cellulaire qui les conduit à une gare que Margarete connait bien. De cette gare se dirigent les trains en partance vers l'ouest, la Pologne ou l'Allemagne, nulle part ailleurs.

Dans le wagon, de nombreux hommes parlent allemand, anciens communistes, déportés dans un goulag qui vont être livrés aux nazis.

Les compartiments sont sans fenêtres, les portes grillagées, le vent glacé. Au matin du 3 février 1940, après trois jours de train, les grilles s'ouvrent sur un quai, la pancarte de la gare apparait : *Brest-Litovsk.*

En descendent les deux femmes et 28 hommes paralysés par la peur, grelottant dans le vent glacé, contraints à marcher vers le pont dressé sur la rivière qui délimite la Pologne occupée par les Allemands et la Pologne occupée par les Russes.

Les officiers des deux polices se saluent, le Russe remet une liste et les prisonniers aux officiers allemands.

A présent sous la garde des SS, le groupe monte dans un train de marchandises, sans lumière ni sièges, ni chauffage, qui roule quatre ou cinq jours Margarete ne sait plus.

Après les étapes dans les prisons de Lublin, de Varsovie, de Schwiebus, toute espérance perdue, Margarete est à Berlin, aux mains des nazis, reconnue comme étant la compagne du dirigeant communiste Heinz Neumann.

Pourquoi serait-elle livrée par les Russes aux Allemands, sinon pour les espionner ?

Elle devra passer par une école de rééducation, si elle veut un jour, *collaborer à la construction du grand Reich allemand*, dit un SS[1].

Margarete reste cinq mois dans la prison pour femmes de l'Alexanderplatz à Berlin. *Dix détenues dans une cellule prévue pour quatre, avec WC et eau courante* précise-t-elle. C'est sur une porte des toilettes qu'elle découvre le graffiti :

Tout passe sur cette terre, la perpétuité aussi.

---

1 *Déportée en Sibérie* p. 228.

1940 : « entrante » à Ravensbrück

Au mois de juillet 1940, dans la prison de Berlin la sentance concernant Margarete Buber-Neumann est libellée comme suit : *le transport dans un camp de concentration est ordonné.*

Elle est mise en cellule avec une centaine de femmes, opposantes politiques ou juives, ou Bibelforscher[1] ou condamnées de droit commun, ou prostituées. Le délai d'incarcération n'est pas déterminé, autrement dit, tant que durera le régime. Toutes sont dans l'attente du 2 août 1940, jour de départ pour Ravensbrück.

A 80 km de Berlin, à la gare de Fürstenberg, dès la descente du train, les hurlements des gardes et les aboiements des chiens se font entendre. Un camion bâché les transporte jusqu'à l'entrée du lager.

Margarete fait son entrée dans le camp, en rangs par cinq, marche le long d'un massif de fleurs, une place parsemée de carrés de gazon soigné, de jeunes arbres plantés à perte de vue. Dans une grande cage des paons et des singes face à des sapins argentés.

Elle aperçoit les premières détenues qui avancent au pas en rangs serrés, chacune un fichu noué sur la nuque, une robe mi-longue à larges rayures, un tablier bleu foncé.

1 Bibelforscher: femmes d'une secte chrétienne qui prêchent qu'Hitler est l'Antéchrist.

Toutes sont pieds-nus, signe que ce sont des *entrantes*[2], seule est en galoches celle qui donne les ordres.

De tous côtés, des colonnes de femmes, la bêche sur l'épaule, marchent en chantant à perdre le souffle. Les ordres retentissent de toutes parts avec les aboiements des chiens-loups.

Dans cette partie du camp, les détenues sont désignées par le motif de leur incarcération : triangle rouge[3] : les politiques ; triangle mauve : les témoins de Jéhovah ; étoile rouge et jaune : les juives politiques (avant la mise en œuvre du plan d'extermination) ; étoile jaune et noire : les coupables d'avoir souillé la race avec des Juifs ; triangle noir : les asociales.

Margarete reçoit son trousseau de détenue : chemise de toile ; culotte-caleçon ; robe rayée, tablier bleu foncé, fichu blanc, n° matricule 4208 (qui indique le nombre des femmes à cette date), affectée au block 16 (qui indique le nombre de baraques à cette date). Elles sont 250 dans une baraque avec des planches pour couchettes, table, tabouret, cabinets, salle d'eau. *Malgré tout, un véritable palais,* dit-elle *comparée aux huttes de Karaganda.* Elle côtoie des enseignantes, des lycéennes, des employées, des intellectuelles, une pianiste.

---

[2] *Les nouvelles arrivées.* Les galoches seront distribuées plus tard, après une semaine, les bas uniquement d'octobre à mars.

[3] Enregistrée sous le nom de Margarete Buber, elle hérite du triangle rouge, bien que son mari soit Juif.

Le bruit se répand vite qu'elle est une ancienne emprisonnée d'URSS, elle est alors qualifiée *de trotskiste* et *de traître* par les détenues communistes allemandes[4].

Les non-juives ont le droit de se faire envoyer de l'argent par leur famille, ce qui leur permet d'acheter au prix fort quelques denrées à la cantine. De même elles peuvent envoyer et recevoir une lettre par mois, censurée, mais les SS sont vite débordés par le nombre. Peu nombreuses sont les réponses.

Margarete est nommée chef du block 3, un block modèle où sont affectées 275 femmes *Témoins de Jéhovah,* appelées les *inconditionnelles de la Bible* dans le jargon du camp, ou *rats de Bible.*

A chacune d'elle, il suffirait de signer une déclaration attestant qu'elle renonce à la secte, pour qu'elle soit remise en liberté, le jour même.

Toutes renoncent à signer avec les SS, ce qui reviendrait à *pactiser avec le diable.*

Margarete s'étonne d'être restée deux ans à les diriger, sans se retrouver au block disciplinaire.

---

4 Les détenues communistes allemandes sont haïes par les détenues des autres nationalités qui assimilent tout ce qui est allemand aux SS et à la Gestapo, sans faire de différence.

1940 : dans le camp à Chambaran

Willi Münzenberg est dirigé, le 18 mai 1940, vers le camp de Chambaran entre la Drôme et l'Isère. Ce camp, et des dizaines d'autres, avaient été édifiés en 1938 et 1939 par l'administration française, afin d'y recevoir et parquer, jusqu'à 20.000 réfugiés républicains espagnols fuyant le régime franquiste, les neutraliser afin qu'ils ne se répandent pas à travers le pays.

Les autorités françaises refusent de distinguer chez leurs prisonniers allemands, les nazis, des antinazis : *ceux qui sont déjà bourreaux, de ceux qui seront inexorablement leurs victimes, réfugiés politiques ou Juifs allemands et autrichiens.* Ces camps, qualifiés de *bêtes et absurdes* par Alexandre Adler[1], où ne sont différenciés autrement les communistes favorables au pacte germano-soviétique, des communistes qui le combattent.

Les camps de la IIIe République ne sont en rien comparables aux camps allemands ou russes, même si les conditions de vie sont souvent très dures. Cela reste un épisode peu reluisant de l'Histoire de France et un véritable cauchemar vécu par *ces étrangers indésirables.* La *bureaucratie d'avant Vichy, c'est déjà l'atmosphère de Vichy, l'esprit service-service,* dit Phil Casoar[2].

---

1 Alexandre Adler, préface à *Le Diable en France* p. 8. de Lion Feuchtwanger. Ed. Belfond, 2010.

2 *La Lie de la terre.* Introduction de Phil Casoar p.953 - Arthur Koestler – Ecrit en 1941 et publié en Grande Bretagne – publié en France en 1946. Ed. Robert Laffont, 1984.

Les partenaires, les amis, les proches de Willi Münzenberg, tous réfugiés allemands anti-nazis, sont astreints à la même loi de détention dans différents lieux. Babette est internée au camp de Gurs, dans les Basses-Pyrénées. Au camp du Vernet séjournent les écrivains Arthur Koestler, Gustav Regler, Alfred Kantorowicz, Max Aub, avec 2000 autres détenus[3].

La Grande Bretagne ne le cède en rien à la France et pratique la même ineptie, en neutralisant les réfugiés qui fuient le nazisme sous prétexte que des espions pourraient s'infiltrer. Arthur Koestler fait jouer ses relations pour sa libération des camps français, s'embarque pour l'Angleterre, malgré les mises en garde qui lui sont faites, sachant que Stephan Zweig en 1938, n'avait pas été épargné. Il passe six semaines en cellule *dans une prison désagréable* dit-il, mais *bien aise d'être sur le sol anglais,* après *la défaite de la France.*

Aux réfugiés allemands qui résident dans le Midi de la France sous la IIIe République, ordre avait été donné de se présenter à la Grande Tuilerie désaffectée des Milles, près d'Aix-en-Provence, *afin d'y être regroupés,* leur avait-on dit. L'écrivain Lion Feuchtwanger soucieux de ne pas être pris en défaut par l'administration française qu'il respecte, se rend en taxi, le 21 mai 1940, devant l'entrée principale du camp. Il décrit dans son livre *Le Diable en France,* le travail absurde imposé à des professeurs, médecins, avocats et autres, afin de les occuper.

---

[3] Le camp du Vernet dans le département de l'Ariège, à partir de 1942, le gouvernement de Vichy y internera 40.000 Juifs qui seront livrés aux Allemands, dirigés sur Drancy et déportés à Auschwitz.

Ainsi immobilisés entre les barbelés, les réfugiés sont, après la défaite, à la merci des agents de la Gestapo qui n'auront qu'à venir les cueillir dès leur mainmise sur le pays, conformément à la clause 19 des conditions d'armistice, qui le stipule[4]. Et le gouvernement de Vichy n'aura plus qu'à remettre aux franquistes les républicains espagnols.

Paradoxalement, ce sera l'administration de l'Italie fasciste, qui obtiendra de soustraire au gouvernement de Vichy, les Juifs italiens qui pourront retourner en Italie[5].

En juin 1940, à l'approche des troupes allemandes le portail du camp de Gurs s'ouvre sur l'ordre du commandant français, libérant ainsi des centaines d'internés. La liberté retrouvée, Babette tente de renouer avec son compagnon. Dans la confusion générale où se trouve le pays, elle n'y parvient pas. Elle décide alors d'exécuter le plan convenu par eux deux, avant d'être séparés.

Elle franchit la frontière espagnole, rejoint le Portugal, s'embarque pour Mexico, refuge des pourchassés de pays totalitaires et y attend son compagnon.

*

A Chambaran, Willi Münzenberg se trouve avec 750 Allemands et Autrichiens communistes ou Juifs. Avant l'arrivée des troupes allemandes, il parvient à sortir du camp, accompagné d'un ami syndicaliste. *Puis ils se séparent,* le 20 juin 1940, à chacun selon sa chance.

Il n'est plus aucune trace de Willi Münzenberg jusqu'au 17 octobre 1940 : un garde champêtre découvre le cadavre

---

4 *Le Diable en France* p. 33. Lion Feuchtwanger Ed. Belfond 2010.

5 *La Lie de la terre* p. 1070 Arthur Koestler Ed. Robert Lafont 1984.

d'un homme dans un bois, près de Saint-Marcellin dans l'Isère. Cet homme trouvé à terre, une corde cassée à ses pieds, se serait pendu. L'enquête conclut à un suicide par pendaison qui remonterait à environ 6 mois.

Cet inconnu est porteur d'une carte d'identité au nom de *Wilhem Münzenberg, homme de lettres, vraisemblablement réfugié allemand.*

Le fait est relevé dans le quotidien régional *Le Petit Dauphinois*. L'article est resté sans écho, l'information non reprise par la presse parisienne de l'Occupation.[6]

Aux yeux des proches du défunt, la question se pose : aurait-il été assassiné, le meurtre maquillé en suicide ? Durant toute la guerre, la réponse reste en suspend. Il ne fait aucun doute, aux proches de Willi que l'exécution a été commandée par Moscou.

C'est à Mexico que Babette s'inquiète d'être restée sans nouvelles de son compagnon et de l'impossibilité de le joindre au cours de ces derniers mois.

Par le courrier d'un ami commun, elle apprend *le suicide,* doutant aussitôt de cette version. Elle connait la force de caractère de son compagnon qui ne présente aucunement de signes de dépression. Les amis abondent dans le même sens, persuadés que Willi n'avait aucune intention d'attenter à sa vie. D'autant que, le 20 juin 1940, la Wehrmacht est encore à une centaine de kilomètres au nord de Chambaran. Confronté aux épreuves, Willi était plutôt du genre à *développer des ressources vitales.*

Il pouvait, comme convenu, atteindre la côte méditerranéenne, ainsi qu'en témoignent d'autres réfugiés

6 *Willi Münzenberg* p. 546.

qui se sont dirigés vers Marseille, à ce moment-là, pour s'embarquer.

Les biographes de Willi Münzenberg restent convaincus que la réponse se trouve dans les *millions de pièces d'archives* du renseignement soviétique.

Au lendemain de la guerre, les proches reprendront le fil de l'enquête. Babette Gross, Arthur Koestler, Kurt Kersten, estimeront et seront convaincus que Willi a été assassiné par des tueurs staliniens, tout comme Trotski, deux mois après lui, le 20 août 1940, à Mexico.

1940 - 1945 : dans le camp à Ravensbrück

Il arrive qu'un citoyen allemand fasse le voyage jusqu'à un camp de concentration afin de prendre des nouvelles d'un ou d'une de ses proches, détenu.

Le mari de Trude, deuxième sœur de Margarete se présente un jour à l'entrée du camp de Ravensbrück, demande à voir sa belle-sœur. Il franchit le portail, sans doute, sans évaluer le risque de se voir interdire la sortie au retour. Le beau-frère peut ressortir mais sa demande de voir Margarete est refusée. La sanction tombe sur la détenue, on lui fait savoir qu'elle ne sera pas relâchée de sitôt.

Au cours de l'hiver 1941-1942, de nombreux transports de détenues polonaises arrivent de Varsovie et de Lublin. Elles sont exécutées systématiquement. Des camions qui ont transporté des malades, reviennent à vide avec les vêtements. Himmler introduit les châtiments corporels avec les bastonnades, exécutées par les détenues de Droit commun. Les gazages commencent au début de l'année 1942, d'abord pour celles qui refusent la discipline[1].

Des milliers de détenus travaillent à l'agrandissement du camp sur des terrains marécageux, pour faire face à la surpopulation due à l'arrivée chaque jour, de nombreux convois de déportés.

Avec le surnombre, tout se dégrade, nourriture, surcharge dans les bâtiments, manque de vêtements, de paillasses,

---

1 *Déportée à Ravensbrück* Margarete Buber-Neumann p.86. Ed. du Seuil. 1988.

allongement de la durée de travail à 11 heurs de jour ou de nuit, vol par les SS des colis envoyés par les familles (sauf aux Juifs, aux Russes et aux Français qui sont interdits de correspondance). Aux 80 décès quotidiens dus à l'épuisement, au froid ou à la faim, s'ajoutent les centaines d'exécutions et les gazages.

Au début de l'année 1942, les mères avec leurs enfants arrivent de Belgique, de Hollande et de France et plus nombreuses arrivent de Pologne. De grandes usines modernes se construisent à proximité du camp qui pourront employer à bon compte des dizaines de milliers de détenus. L'entreprise Siemens fait construire par les prisonniers 32 baraques en bois pour les y loger. Les deux systèmes, nazi et soviétique, tirent le même parti de cette main d'œuvre fournie par les *ennemis de l'Etat.*

Désignée aux travaux de jardinage, Margarete cultive les fleurs destinées aux espaces verts devant les maisons des surveillants SS. Puis elle est nommée secrétaire aux ateliers Siemens où travaillent des femmes au bobinage et relais électriques pour téléphones et largage automatique de bombes. Elle est informée sur ce qui se passe à Auschwitz par les détenues qui arrivent, suite à un transfert. C'est au cours de l'été 1942 que Margarete est déplacée au block 1 où se trouve Milena. Aussitôt se noue entre elles une amitié réciproque.

La surveillante chef SS remarque Margarete et l'embauche comme secrétaire. Dans son bureau circulent les dossiers des détenues condamnées à différentes peines. Margarete parvient à faire disparaitre les dossiers de celles dont les peines sont les plus accablantes. Dans les bureaux de l'administration, le surnombre des détenues est de plus en plus difficile à gérer.

Une double comptabilité des détenues établie en une liste par ordre alphabétique et une liste par numéro de matricule suivant les dates d'entrée, fonctionne bien les premières années. Puis, entre les détenues décédées, celles envoyées à la mort, les malades sorties du camp pour y être achevées, celles transférées dans d'autres camps, notamment à Auschwitz, celles qui en arrivent, une pagaille noire règne dans les fichiers. Le système s'enraye. On ne s'y retrouve pas. La logique allemande est prise en défaut[2].

Le 20 avril 1943, Margarete est emmenée au bâtiment cellulaire pour avoir, pense-t-elle, détruit les rapports de détenues. Au cachot noir elle est mise dans une cellule obscure, vêtue d'une simple chemise et d'une robe à manche courte, sans galoches, sans couverture, ni air ni lumière. Mais avec des cabinets et une arrivée d'eau, sans nourriture pendant 7 jours.

A l'interrogatoire, elle comprend qu'il n'est pas question des dossiers escamotés, mais d'un réseau d'espionnage auquel elle est soupçonnée d'appartenir pour le compte de la surveillante-chef SS. Apparemment celle-ci serait arrêtée. Totalement étrangère à ce complot, Margarete passe dix semaines en cellule, en sort malade, couchée sur une paillasse, puis sans en savoir le motif, reconduite au cachot pour cinq jours.

Milena lui prodigue des soins, met tout en œuvre pour son rétablissement.

---

2 *Déportée à Ravensbrück* p. 125.

Remise sur pied, elle doit abattre des arbres dans la forêt de jour ou de nuit, à la chaine, puis elle est affectée dans l'atelier de couture, sur des machines à coudre, à fabriquer des uniformes pour les SS, onze heures d'affilées.

Le 10 juin 1944, la nouvelle du débarquement en Normandie rend joyeuses les détenues. Les proches, de Potsdam, ne manquent pas, dans le colis de nourriture, mensuel, de l'accompagner d'une lettre dont certains codes lui donnent des nouvelles sur ce qui se passe aux différents fronts. En janvier 1945 tous les envois sont supprimés.

Milena, décédée en 1944, Margarete se doit de rebâtir une sorte de famille. Elle se lie avec deux Françaises, qu'elle nomme, dans son livre *Danielle et Kouri,* toutes deux, déportées affublées du code NN – nacht und nebel – nuit et brouillard, code qui les prédestine à l'anéantissement. Cela ne les empêche pas de parler de leur avenir. Lorsque vient le moment où les détenues NN – communistes, tsiganes, juives – doivent être rassemblées pour être évacuées, les deux Françaises, recherchées par les SS sont cachées par Margarete dans le couloir de l'infirmerie. Elles échappent ainsi à la mort.

Danielle est Anise Postel-Vinay, résistante française arrêtée en août 1942 pour avoir participé au réseau de renseignement militaire à l'Intelligence- Service – services secrets britanniques[3].

Kouri est Germaine Tillion[4], ethnologue spécialiste de l'Afrique arabo-berbère, directeur d'Etudes honoraires à l'Ecole Pratique des Hautes Etudes. De 1934 à mai 1940 elle séjourne dans les Aurès à la mission scientifique. En août

---

3 Anise Postel-Vinay, voir index p. 135.

4 Germaine Tillion, voir index p. 135.

1940 elle participe à un groupe de résistance. Le 13 août 1942 elle est arrêtée, déportée à Ravensbrück par le même convoi que Anise Postel-Vinay.

Au printemps 1945, comme si la défaite n'était pas imminente, la construction d'usines se poursuit pour un futur complexe industriel de fabrication d'uniformes SS programmé jusqu'en 1946, tandis que l'Armée Rouge et les Alliés progressent sur les frontières allemandes.

Les bombardiers américains qui font route vers Berlin passent au-dessus du camp avec la maitrise de l'air absolue, mais les cheminées de crémations redoublent d'intensité.

Un jour d'avril 1945, plusieurs autobus de la Croix-Rouge suédoise avancent lentement dans le camp, remplis de paquets pour les détenues. Les SS en fauchent une grande partie.

Puis les autobus de la Croix-Rouge suédoise reviennent délivrer 300 Françaises qui vont retrouver la liberté via la Suède, le temps de se remettre en bonne santé, suite à un accord des SS avec l'ambassade.

Enfin, le 21 avril 1945, Margarete figure sur la liste des détenues autorisées – le camp est toujours sous la dictature nazie – à sortir du camp. Elles sont 60 allemandes et tchèques, munies d'un certificat de remise en liberté. Vêtues de la tenue habituelle du camp, sur laquelle est ajoutée une grande Croix-Rouge, dans le dos comme sur la poitrine, en rangs par cinq, accompagnées de la surveillante SS, elles franchissent le portail de sortie, s'avancent jusqu'à la route qui mène à la gare. La surveillante hurle un dernier ordre : *halte*. Et s'en retourne vers le camp.

Machinalement, comme si elles étaient toujours sous ses ordres, mais sans plus aucune surveillance, les détenues s'acheminent en rangs par cinq jusqu'à la gare.

La liberté ! Elles se demandent si c'est vraiment la liberté !

4- 1945 – 1989 : une femme libre

Mai 1945 : les Russes aux trousses

A la gare de Fürstenberg, Margarete monte dans le premier train. Elle renonce à son idée première de se rendre à Potsdam auprès des siens, sa mère et sa sœur Trude, lorsqu'elle apprend que les Russes sont dans son dos à 6 km. Ils progressent vite. Les américains sont devant elle, à une journée de marche, elle décide de les rejoindre.

A dix jours du 8 mai 1945, le Grand Reich allemand, pris entre deux armées, n'est plus qu'une étroite bande de territoire, large d'une quinzaine de kilomètres. Les derniers combattants de la Wehrmacht courent se jeter dans les rangs de l'armée américaine. Un flot de civils, paniqués, fuit l'avance soviétique. Margarte à aucun prix, ne veut retomber entre les mains des Russes.

Accompagnée d'une amie allemande connue au camp[1], elles reprennent leur marche forcée vers l'ouest, à pied, sur les remblais. Encore un effort, un monticule, l'escalade d'un talus depuis lequel elles aperçoivent, dans un pré, un campement de militaires. Elles s'élancent vers eux, ce sont les américains !

Dans un mauvais anglais, elles demandent à passer. Le soldat répond de sa voix nonchalante, un immense O.K.

À la vue des deux femmes épuisées, vêtues de leur robe rayée –ex rayées de la vie – les grandes croix rouges peintes sur le tissu, devant et derrière, le soldat américain sort d'une

---

[1] Emmi, Allemande des Sudètes.

grange une voiture attelée de deux chevaux et en riant leur dit : *montez là-dedans.*

L'amie, apeurée, se blottit, Margarete qui n'a jamais conduit d'attelage prend en main les deux lanières de cuir, les secoue. Les animaux se mettent en marche, tirant la carriole. Etonnées les deux femmes pouffent de rire. Rien que pour voir, Margarete tire un peu sur les rênes. Les animaux s'arrêtent. Les rires repartent de plus belle.

Une énorme bouffée de bonheur nous submerge[2], écrit-elle.

Les deux fugitives sont informées que les troupes américaines sont trop avancées sur le territoire allemand, outrepassant les accords prévus avec Staline. Les Américains devront évacuer la zone comprise au-delà de l'Elbe et se replier sur la rive ouest. Afin d'être en sécurité, les deux amies devront avoir franchi le fleuve avant l'arrivée des troupes russes.

Margarete projette d'aller se reposer dans la ferme de ses grands-parents en Bavière, sans tenir compte des difficultés qui les attendent pour traverser l'Allemagne du nord au sud.

Emmi veut se rendre à Prague[3]. Elles vont donc dans la même direction.

Les barrages dressés par l'armée américaine afin de contenir le flux migratoire d'une population qui fuit l'Armée rouge, les civils refoulés qui font demi-tour, provoquent des encombrements, entravent la circulation.

---

2 *Déportée à Ravensbrück* p. 223.

3 Emmi a été deportée pour son appartenance au parti social-démocrate tchèque.

Les deux amies préfèrent se débarrasser de la carriole, passer hors des barrages à travers bois en se détournant de la route. Elles dorment dans des granges, mendient la nourriture dans les fermes et les couvents, passent devant les maisons détruites, les villages incendiés, croisent une cohue de réfugiés. Les habitants les regardent avec curiosité.

Dans les mairies, des centres d'assistance se mettent en place. Les anciennes détenues peuvent y recevoir des tickets d'alimentation, un peu d'argent, des bons donnant droit à une soupe.

Tous les ponts sur l'Elbe détruits, il est impossible de franchir le fleuve, interdit, de toute façon, aux civils. Seuls les militaires le traversent sur des pontons provisoires de l'armée américaine.

Lorsqu'elle apprend que, dès le reflux des américains, les Russes ne tarderont pas à venir s'aligner sur l'Elbe, Margarete décide de tenter sa chance, de partir seule, son amie n'en a pas le courage.

Avec une bicyclette, donnée par un déporté français qui va être rapatrié, Margarete s'avance à travers le bois jusqu'au bord du fleuve, fière d'être parvenue face à l'Elbe qui reste à traverser.

Elle attend la nuit, suit la berge dans un paysage désert. Lorsque sortent des broussailles deux jeunes gens, qui eux aussi, cherchent à passer sur l'autre rive. Ils aperçoivent sur le bord d'en face, une barque amarrée. Les deux jeunes gens décident d'aller la chercher à la nage et revenir y charger Margarete avec sa bicyclette. Arrivés sur la rive opposée, les deux jeunes gens disparaissent. Elle se croit abandonnée puis les voit réapparaitre avec des planches en guise de rames.

Tant bien que mal à travers le courant, ils parviennent jusqu'à elle. Elle monte sur le bateau.

A force de coups de planches, tous trois rament contre le courant. Les voici sur la rive en face.

Ils se séparent, quittent rapidement les bords du fleuve. Margarete enfourche sa bicyclette, elle pédale hors de portée des Russes – *sans tenir le guidon* – dit-elle, *dans une grande allégresse*[4].

Elle éprouve la joie de cette victoire, apprécie cette solitude, la campagne tranquille du côté américain, loin de la foule de réfugiés bloqués sur l'autre berge.

Commence alors un périple de plusieurs semaines au cours duquel elle doit s'accommoder de moyens de transport de fortune. Sur les routes, elle côtoie une population hétéroclite de civils apeurés, de SS en fuite, de soldats de la Wehrmacht en déroute, de déportés en haillons, mais libérés, de prisonniers de guerre en guenilles qui vagabondent, toute une migration multiple de différentes nations, qui cherchent tous à rentrer chez eux[5].

Dans la campagne, Margarete traverse un paysage paisible, savoure sa solitude, se baigne dans un ruisseau à l'eau claire, éprouve la joie de revivre des journées printanières, *préoccupée à reconstituer son corps délabré.*

Au cours d'une halte dans un couvent, un groupe de communistes français, anciens déportés, attend son

---

4 *Déportée à Ravensbrück* p. 288.

5 A la libération des camps, les déportés ou prisonniers français sont pris en charge par leur gouvernement qui organise leur rappatriement. Tandis que les déportés et prisonniers italiens ou allemands libérés sont livrés à eux-mêmes, leurs gouvernements ont d'autres priorités.

rapatriement. Ils sympathisent, échangent les récits de ces dernières années. Sur les raisons de son arrestation, elle a tant à raconter, ne manque pas de faire savoir ce qu'elle a subi, ce qu'elle a vu, que personne d'autre n'a vu, dans les camps soviétiques.

Mais son discours, loin de susciter la compassion éveille la méfiance, le soupçon. Son récit est difficilement croyable aux yeux de fervents communistes dont la détention a renforcé la fidélité au Parti : *elle ne devait pas être si innocente qu'elle le dit,* ou bien *avait-elle à son insu, côtoyé des nazis ?*

Devant cette réaction Margarete se sent envahie par l'angoisse. Face à l'incrédulité de ceux qui l'écoutent, *un grand vide* s'opère en elle.

Un grand vide, écrit-elle. Tandis que Primo Lévi dit, *le néant.*

Mon angoisse se fait plus intense et plus précise… puis c'est le chaos… je suis au centre d'un néant grisâtre et trouble… je sais ce que cela signifie… je suis à nouveau dans le camp… le reste n'était qu'un rêve[6].

Le sentiment éprouvé à leur retour par tant de déportés confrontés au scepticisme de leur auditoire, leur fera s'imposer un silence de plusieurs années.

A l'heure du repas, le climat se détend, les Français l'invitent à leur table, les liens redeviennent amicaux, la fraternité se réinstalle. Tous sont heureux de vivre ensemble ces moments exceptionnels de liberté retrouvée.

Margarete reconnait une surveillante SS qui sanglote craignant d'être jetée en prison. Elle se souvient de cette surveillante, parmi les « correctes » autant que faire se peut.

---

[6] *La Trève* p. 245 Primo Lévi. Récit de son retour en Italie après sa libération du camp d'Auschwitz. Son retour a nécessité près d'un an.

Elle lui fait savoir qu'elle est disposée à lui fournir un témoignage favorable. Et lui conseille vivement de changer son pantalon reconnaissable d'uniforme SS.

Dans ce climat de paix retrouvée, l'esprit de vengeance évacué, tout peut redevenir humain.

La rancune surmontée, Primo Lévi dénomme *la Trève,* cette période charnière de l'immédiat après-guerre. Courte période, fugitive, chargée d'espoir avant le retour des conflits inévitables, sous une autre forme : un combat d'idées politiques non plus de militaires armés. Des violences désormais verbales non plus pratiquées sur les humains.

Margarete parvient à une première grande ville Hanovre[7]. En partie détruite par les bombardements, la ville est dans une désorganisation générale, un train circule vers Göttingen, les anciens déportés obtiennent facilement des billets.

Le train serpente le long des flancs montagneux, des torrents, des vallées, jusqu'à la localité de Hirschberg d'où elle peut, en deux jours de bicyclette, rejoindre son village en Bavière, situé dans la zone américaine d'occupation. Encore quelques kilomètres en vélo sur une autoroute défoncée, les ponts détruits, elle aperçoit le château de Thiersen qu'elle connait, puis le village de ses grands-parents, enfin, la maison.

Lorsque sa mère et sa sœur apparaissent, elle leur tombe dans les bras.

---

7 Dès son arrivée à Hanovre, elle essaie de télégraphier en Palestine où sont réfugiés son ex-mari Rafaël Buber avec leurs deux enfants. Les communications ne sont pas rétablies. *Déportée à Ravensbrück* p. 310.

1949 : Témoin au procès Kravtchenko

Margarete est invitée en Suède par un ancien ami de son beau-frère, Aschberg, afin de recouvrer une bonne santé. Elle pourra, à Stockholm, prendre le temps de se rétablir et se consacrer à l'écriture de ses livres.

Au mois de janvier 1949, il lui est demandé de venir à Paris le mois suivant, témoigner au procès en diffamation intenté par Kravtchenko, au journal *Les Lettres françaises*.

Le témoignage de Margarete Buber-Neumann devant le tribunal de la Seine, suscitera l'émotion dans la salle d'audience et sera déterminant sur le verdict à l'issue du procès.

*

En 1944, un ingénieur russe en poste à Washington est chargé par la Chambre de Commerce soviétique, d'acheter du matériel de guerre aux Américains. Dans la nuit du 1er au 2 avril, il s'enfuit de l'Ambassade d'URSS et demande l'asile politique aux autorités américaines.

Dans une interview à un journaliste du *New-York Times*, il dénonce le régime arbitraire et la violence du pouvoir stalinien.

Puis il vit sous un pseudonyme, s'enferme pour écrire son livre : *J'ai choisi la liberté*. Victor Kravtchenko[1] décrit ce qu'il

---

[1] Selon les traductions plusieurs orthographes sont possibles pour Kravtchenko. Nous avons opté pour celle adoptée par Nina Berberova.

sait de l'Union Soviétique, la famine en Ukraine, les camps de déportations en Sibérie, l'exploitation des détenus, les exécutions par la police secrète. De quoi ternir l'image de ce pays dans l'opinion de ceux qui lui sont favorables en Europe occidentale, celle de l'URSS *victorieuse de la Wehrmacht.*

Le livre, publié aux Etats-Unis dans le contexte de la guerre froide, est tiré à 2 millions d'exemplaires.

Un jeune éditeur français, Jean de Kerdeland, décide de faire traduire l'ouvrage et de l'éditer malgré les pressions et les menaces du Parti communiste français.

Tiré à 500.000 exemplaires, le livre lors de sa parution en français donne lieu à de nombreuses attaques de la presse et des partis de gauche.

L'hebdomadaire *Les Lettres françaises* fait paraitre un article selon lequel Kravtchenko ne serait pas l'auteur du livre – il aurait été *commandité par la CIA* – dont tout le contenu serait *un tissu de mensonges.*

L'auteur porte plainte en diffamation contre l'hebdomadaire, son rédacteur en chef Claude Morgan et le rédacteur de l'article André Wurmser.

En réplique le journal publie une liste de 40 témoins qu'il fera entendre au cours du procès.

Les témoins choisis par *Les Lettres françaises* sont des députés, d'anciens résistants, d'anciens déportés en Allemagne, aucun ancien déporté en Sibérie, des journalistes écrivains, savants, des personnalités non contestables. Le journal est appuyé par le Parti communiste français qui, à cette époque exerce une influence considérable dans la vie politique du pays : légitimé par ses actions récentes dans la

Résistance et le prix qu'il en a payé, il se revendique le *Parti des fusillés* ; légitimé par ses députés qui représentent 28% des sièges au Parlement ; par Maurice Thorez son secrétaire général qui n'est plus le déserteur de 1939, mais l'ancien ministre du général de Gaulle, par ces écrivains, poètes, artistes-peintres affiliés au Parti ou qui lui sont proches. Le Parti communiste français semble une forteresse difficile à atteindre par des critiques ou des injures.

En face, Kravtchenko présente ses témoins, anciens détenus des geôles et des camps soviétiques qui, depuis la fin de la guerre, sont venus vivre en Allemagne. Le cours des débats bascule en faveur de l'auteur de *J'ai choisi la liberté*. Il devient, pour *Les Lettres françaises*, de plus en plus difficile de démontrer l'inexistence des camps soviétiques et nier l'arbitraire des actes du régime soviétique.

Dès lors, les avocats qui défendent l'hebdomadaire développent une argumentation mensongère, basée sur la dénégation.

Au nom du principe :*on ne critique pas ce qui vient d'Union Soviétique*, des hommes estimables, des intellectuels réputés intègres, des résistants courageux contre l'Occupant, des écrivains de talent, militants influents viennent soutenir le journal : Louis Martin-Chauffier[2], Fernand Grenier[3], Pierre Courtade[4], Jean Bruller/Vercors[5], Emmanuel d'Astier de la

---

2 Voir index p. 134.

3 Voir index p. 133.

4 Voir index p. 132.

5 Voir index p. 131.

Vigerie[6], Jean Cassou[7], Pierre Cot[8], Frédéric Joliot-Curie[9], Vladimir Pozner[10], Roger Garaudy[11].

Ils viennent au tribunal nier tout ce que Kravtchenko relate dans son livre, affirment que ces mensonges sont dictés par la CIA.

En cela, ils sont suivis par les compagnons de route du Parti qui appliquent, comme eux, le mot d'ordre : *silence sur ce qui se passe en URSS, afin de ne pas provoquer de querelles dans la guerre froide, afin que les moindres protestations ne se transforment en véritables actes de guerre, et qu'il y a lieu de ne pas affaiblir le Parti censé défendre les ouvriers en France*[12].

---

6 Voir index p. 131.

7 Voir index p. 131.

8 Voir index p. 132.

9 Voir index p. 133.

10 Voir index p. 135.

11 Voir index p. 133.

12 Alors que, dans une interview au journal *Combat* le 31-10-1953, Jean-Paul Sartre declare : *Le devoir d'un intellectual n'en est pas moins de dénoncer l'injustice partout.*
Il accepte, en juillet 1954, une invitation à se rendre en Union Soviétique. A son retour, euphorique, il déclare au journal *Libération* : *les privilèges n'existent pas dans ce pays, la liberté de critique est totale.*
Puis, invité à se rendre à Cuba, il rencontre Fidel Castro dont les poignées de mains chaleureuses et les accolades ont circulé partout : *ce régime issu de la Révolution*, écrit-il dans le *Nouvel Observateur* du 24 mars 1960, *est une démocratie directe.* *Sartre* – p 389 – 451 Annie Cohen-Solal Gallimard 1985.
De nombreux artistes également acceptent des invitations à des tournées en URSS, sensibles à une reconnaissance par ce pays. Ils en reviennent auréolés, flattés de l'accueil reçu.

Le chanteur Renaud, en concert à Moscou devant 10.000 spectateurs qui l'acclament, constate au moment de chanter *le Déserteur* de Boris Vian, que les spectateurs, sans doute sur un signe de la police politique, quittent les rangs en silence. Renaud termine la chanson devant les fauteuils vides. … Il enrage : *je vais fermer ma gueule, c'est bien pour les ouvriers français*, confie-t-il.

Les avocats, par un réquisitoire au style déclamatoire, une parole aux accents emphatiques sont loin de toute vérité et de sincérité.

Ainsi est mis au service d'un négationnisme avant la lettre, tant de courage, de combats, de fusillés pour une cause juste.

Où sont, en 1949, les détracteurs capables de récuser les témoins des *Lettres françaises* ?

Victor Serge est mort depuis 4 ans, lui qui a dénoncé les camps de Sibérie dès 1940, dont il est revenu.

Alexandre Soljenitsyne, en 1949, purge une peine dans le Goulag dont il ne sortira qu'en 1956.

Arthur Koestler, dans son livre le *Zéro et l'infini* paru en France en 1945, relate l'arbitraire du régime soviétique, non les camps du Goulag.

Lorsque les témoins de Kravtchenko sont convoqués à la barre, ils impressionnent le public. Anciens déportés en Sibérie, ils émeuvent par leurs récits, leur calme, leur sincérité.

Enfin au 14e jour du procès, à l'audience du 23 février 1949, la parole est donnée à une femme qui s'exprime en allemand. Elle vient de Stockholm où elle vit actuellement, apporter son témoignage.

Ancienne communiste allemande, veuve de Heinz Neumann, elle a subi deux ans dans les camps soviétiques en Sibérie et cinq ans les camps allemands de son propre pays. Comme preuve de l'existence des camps en URSS, elle décrit

---

Le TNP revient de plusieurs tournées en URSS avec *un accueil triomphal,* sans plus.
Le coup de gueule d'Yves Montand, bien que tardif est resté retentissant.

les analogies entre les camps soviétiques et les camps nazis, en toute connaissance pour y avoir vécu, et distingue ce qu'ils ont de comparables et ce qui les différencie :

Ce monde dans les camps a ses lois. Dans les deux systèmes, les détenus politiques sont réduits à la merci des voleurs, escrocs et assassins rassemblés sous l'appellation, *détenus de droit commun.*

L'entreprise hitlérienne d'anéantissement accomplit l'asservissement des opposants au régime, d'une race ou d'une ethnie, avec un mépris total de la personne humaine. Le déporté est destiné à être humilié, à perdre sa dignité, à subir les sévices, injures, dégradations, à effectuer un travail harassant jusqu'à ce que mort s'ensuive, par épuisement ; ou jusqu'au meurtre collectif par l'expérience médicale ou par la chambre à gaz. Un déchainement de folie meurtrière s'abat sur le détenu désarmé, famélique. Il n'est pas fixé de date de sortie envisageable autre que la mort.

En URSS, le déporté est souvent un ancien révolutionnaire engagé dans l'évolution du progrès social ; il voit ses espoirs effondrés lors de son arrestation.

Son loyalisme contesté, les accusations portées contre lui inattendues sont imaginées par son juge[13].

Dans les camps soviétiques, on ne soigne pas les malades. La sous-alimentation, l'épuisement au travail, les maladies, suffisent à tuer les plus faibles. Le temps des condamnations est fixé à l'avance. 5, 10, 15 ou 20 ans, quelquefois prolongés au cours de la détention. Les déportés constituent une main-

---

13 Les accusations proférées par les juges staliniens sont parfois cocasses. Elles peuvent, se portant sur la même personne, l'accuser d'être un espion à la fois *trotskiste* et au *service des nazis.*
Au Parti communiste français, en 1949, on ne craint pas d'accuser Heinz Neumann d'avoir été un *trotskiste au service d'Hitler.*

d'œuvre pour l'Etat et un peuplement des régions désertiques et inhospitalières.

La salle l'écoute avec attention. La déposition de Margarete Buber-Neumann semble être décisive dans le procès et vaut à elle seule, dit Nina Berberova qui y assiste, *10 ans de propagande anticommuniste*[14].

La réaction de la partie adverse devient violente et dégradante. Margarete s'entend dire l'impensable : Heinz Neumann, son compagnon, était un *agent nazi, renégat et traitre ; un espion envoyé par Hitler* (alors qu'il était juif !) *en URSS. Trotskiste il a été démasqué, arrêté, fusillé.* Margarete est *rentrée en Allemagne hitlérienne de son plein gré et librement. Elle pensait y être accueillie avec les honneurs en tant qu'épouse d'un agent au service des nazis. La raison pour laquelle elle est déportée à Ravensbrück, on n'en sait rien.*

La querelle s'engage entre les parties. Protestations et grand vacarme. L'avocat de Margarete conclut qu'il n'y a rien à répondre à la *déposition saisissante* de sa cliente : *le pont de Brest-Litovsk sur lequel on a trainé Margarete Buber-Neumann ne sera pas oublié dit-il. Ce nom entrera dans l'Histoire et cette boue dont vous l'avez couverte, elle aussi entrera dans l'Histoire et restera inoubliable*[15].

Le 4 avril 1949, le Tribunal présidé par un magistrat remarquable, Emile Turkheim, rend le verdict qui établit que Kravtchenko est bien capable d'écrire son livre *J'ai choisi la liberté,* condamne les *Lettres françaises* et son rédacteur en chef au *délit de diffamation* à l'encontre de l'auteur, acquitte

---

14 *L' Affaire Kravtchenko* p. 160. Nina Berberova. Ed. Actes Sud 1990.

15 Id. p. 257 – 258.

Kravtchenko, se déclare incompétent pour émettre *un jugement sur le régime soviétique.*

En appel le 28 novembre 1949, le Tribunal *déboute l'hebdomadaire et confirme son incompétence pour donner un jugement sur le régime soviétique.*

Aragon s'est bien gardé d'intervenir dans le procès informé sur les camps par ses nombreux voyages en Union Soviétique et par sa belle-sœur Lili Brik, sœur d'Elsa Triolet qui vit à Moscou, se doutant que la cause était perdue d'avance pour les *Lettres françaises.*

L'affaire Kravtchenko n'est pas la seule à entacher le parti communiste français.

Les *Lettres françaises* seront condamnées une nouvelle fois le 12 janvier 1951, pour diffamation envers David Rousset qui avait créé une commission d'enquêtes internationales sur l'existence des camps sous les régimes franquiste, grec des colonels, yougoslave de Tito, soviétique de Staline. Les *Lettres françaises* avaient traité David Rousset[16] de *faussaire,* les camps *relevant du mensonge.*

La conspiration du silence perdurera jusqu'à la fin des années 1950, jusqu'à la parution du livre de Soljenitsyne *une Journée d'Ivan Denissovitch* (1959).

[16] David Rousset Voir index p. 136.

1977 : à Milena, le livre

Le 21 octobre 1940, Margarete déjà vétérante dans le camp, reçoit un morceau de papier glissé dans sa main. Milena lui fait savoir qu'elle désire lui parler.

Milena de Prague, ainsi se présente-t-elle, s'affirmant d'emblée comme une forte personnalité. Arrivée au camp très affaiblie, Milena n'en constitue pas moins une étonnante exception par sa façon de parler, de s'exposer aux dangers. Même si son bras est marqué du matricule 4714, on l'appelle *la souveraine* – Zarewa – ou la *sanseverina.*

Sur sa table de travail à l'infirmerie où elle est affectée, Margarete remarque une boîte en carton avec une fleur, sa façon à elle de reconstruire son univers.

Enthousiasmées l'une et l'autre dès les premières minutes de leur entretien, elles prennent le pli de se retrouver un moment chaque jour.

Délaissant la promiscuité de milliers de jeunes femmes, elles parviennent, bravant le règlement, à se réfugier le dimanche à l'infirmerie. Assises côte à côte sur la table, les jambes ballantes, elles peuvent discuter sans contraintes, s'interroger sur leur jeunesse.[1]

Margarete décrit sa vie au cours des années folles en Allemagne, son engagement dans la vie culturelle et politique du pays, ses premières missions confiées par le Parti.

---

1 *Milena* . Margarete Buber-Neumann; Ed. du Seuil 1986.

Milena parle de sa jeunesse à Prague, de l'éducation classique reçue de ses parents, conforme à celle dispensée aux jeunes filles du milieu conservateur.

Ou bien, faisant les cent pas sur le chemin étroit entre les baraques, *dans la lumière blafarde du crépuscule,* elles se complaisent à évoquer leurs souvenirs les plus marquants.

Ainsi Margarete lui fait part de ses déceptions politiques, ses ruptures avec le Parti, lui fait partager ses rencontres lors de ses captivités en Union Soviétique.

Milena raconte sa relation douloureuse avec Kafka, connu en avril 1920. Elle se souvient de l'avoir aperçu quelques fois au Café Arco à Prague, affirme l'avoir découvert bien avant les tenants du milieu littéraire.

Elle dit ressentir toujours l'attachement particulier éprouvé dès la lecture des premières proses de cet auteur. Ces textes écrits en allemand, elle conçoit aussitôt la nécessité de les traduire en tchèque.

Elle choisit des textes courts : *Le Soutier, la Métamorphose, Contemplation, le Verdict* et les adresse directement à l'éditeur.

Puis elle décide d'aller voir l'écrivain, en cure à Merano pour une affection pulmonaire.

C'est à Merano, confie-t-elle à Margarete, qu'*ils commencent à s'aimer.* Elle a 24 ans. Les rencontres devenant déchirantes, tourmentées, douloureuses pour Kafka, la relation prend la forme épistolaire, qui les unit plus que la proximité.

Intarissable lorsqu'il s'agit de Kafka, Milena ne résiste pas à citer de mémoire plusieurs passages des lettres reçues de l'écrivain :

Les plus belles de tes lettres, et les plus belles c'est beaucoup dire car elles sont, dans leur ensemble et dans chacune de leurs lignes, ce qui m'est arrivé de plus beau dans la vie … toi vivante jusqu'en de tels abimes… mais si l'écrivain veut… *lever les yeux sur ton visage,* il ne voit … *qu'un feu ardent… ébloui par la chose la plus merveilleuse que j'aie jamais aperçue.*

… un principe de lumière dans les ténèbres.

Milena fait part à son amie de la confiance témoignée par l'écrivain lorsqu'il lui remet – et à elle seule – l'exemplaire unique de son *Journal* afin qu'elle ait le privilège de ne pas s'égarer trop longtemps.

Puis, sachant que Max Brod détient sa correspondance avec l'écrivain depuis la mort de celui-ci, Milena avoue lui avoir demandé de brûler toutes ses lettres. Max Brod certifie à Milena que son souhait est exécuté, tandis qu'il n'a pu détruire celles écrites par Kafka, les estimant de valeur littéraire.

Milena en ressent toujours la douleur :

Je cours parmi les rues, dit-elle, *je reste toute la nuit à la fenêtre, parfois les pensées crépitent en moi comme des petites étincelles.*

C'est à Milena que revient la tâche d'écrire la rubrique nécrologique de l'écrivain, dans le journal viennois *Nordni-Listy*, le 6 juin 1924 :

Kafka est celui qui n'a pas le moindre refuge, pas le moindre abri ; Un homme nu parmi les gens vêtus ; ses livres sont étonnants, mais lui, il est plus étonnant encore.

Les conversations confidentielles au long des promenades entre les baraques, donnent la force aux deux amies de surmonter l'insupportable, loin des autres détenues, du moins le pensent-elles.

Les apartés dimanche après dimanche attisent les rivalités. Les détenues communistes tchèques mettent en demeure Milena de choisir son camp, entre ses compatriotes – leur soutien est non négligeable, organisé, les avantages certains – ou cette *allemande-trotskiste.*

Le choix de Milena se détermine en faveur de l'amitié avec Margarete, au prix d'un *bonheur dans des conditions désespérantes* dit-elle.

C'est alors que Milena revient sur les souvenirs de sa vie après Kafka, au cours des années 1930. Elle évoque les moments heureux à Prague, lorsqu'elle est portée aux nues, reconnue comme journaliste de talent... jusqu'à l'invasion de la Tchécoslovaquie par les troupes allemandes.

Aussitôt elle met tout en œuvre pour sauver ceux qui sont en danger, Juifs russes et Juifs allemands exilés, Tchèques communistes recherchés par la Gestapo.

Après une perquisition dans son appartement, elle est arrêtée par la police allemande à la fin du mois d'octobre 1939.

Emprisonnée, maltraitée dans différentes prisons durant une année, elle est transférée au camp de Ravensbrück.

Dès son arrivée, elle cherche à connaitre Margarete dont elle a entendu parler. Par l'échange de leurs récits, elles saisissent toutes deux l'importance de leurs parcours. Elles aspirent à tenir, survivre, afin de réaliser un livre-témoignage sur les camps. Elles se promettent *d'écrire ensemble ce livre, quand nous aurons retrouvé la liberté,* se disent-elles.

Lorsqu'elle constate la faiblesse de son amie, Margarete s'efforce de l'entrainer à la promenade, de parler des forêts, des villes, des gens qu'elles aiment. Jusqu'au jour où Milena perd la force de se lever du lit. Le 15 mai 1944, elle est à l'agonie. Elle meurt deux jours plus tard âgée de 48 ans.

Un docteur du camp se trouve être un ancien étudiant du professeur Jan Jesensky, père de Milena. Il télégraphie qu'il peut faire transporter le corps de sa fille jusqu'à Prague, ce qui relève de l'exception.

Tu diras aux hommes, avait demandé Milena, *qui j'étais et auras pour moi la clémence du juge.*

Ces paroles ont donné le courage à Margarete de tenir sa promesse, d'écrire les livres sur les camps des deux dictatures et le livre en hommage à Milena.

Je remercie le sort de m'avoir fait venir à Ravensbrück pour y connaitre Milena, écrit Margarete.

Bien des années plus tard, elle se souvient de la voix de Milena, l'entend raconter la nouvelle de Kafka la *Métamorphose, l'histoire de ce cafard qu'on laisse crever.*

1898 - 1989 : une vie dans la vérité

En 1947, les deux sœurs se retrouvent en Allemagne de l'Ouest. Margarete a quitté la Suède lorsque son bienfaiteur a cessé de lui offrir l'hospitalité suite à un désaccord politique. Babette a quitté le Mexique où elle s'était réfugiée en 1940, le temps du conflit en Europe.

Toutes deux choisissent Francfort, décidées à ne rien rejeter de leurs engagements d'autrefois et à poursuivre l'écriture de leurs livres.

Prisonnière de Staline et d'Hitler le livre de Margarete déjà paru en Suède, paraitra bientôt en Allemagne. Il suscitera des grognes dans certains milieux politiques de gauche.

Babette a les mêmes raisons que sa sœur d'être antistalinienne. La police soviétique a assassiné Willi Münzenberg et son beau-frère Heinz Neumann. Babette se consacre à faire connaitre les actions de son ancien compagnon, des années 1930 à 1940. Elle s'applique à en écrire la biographie qui sera publiée en Allemagne en 1967.

Dès le retour dans leur pays, les deux sœurs se heurtent d'emblée à l'appareil du Parti communiste, au pouvoir en Allemagne de l'Est, en régime totalitaire. Toutes deux sont sujettes aux calomnies, au mépris, aux insultes, dénoncées d'avoir trahi la Cause. [1]

Plusieurs années plus tard, elles seront enfin légitimées, avant le décès de la cadette à Francfort en novembre 1989, suivi de la mort de l'ainée en janvier 1990 à Berlin.

---

[1] Margarete est traitée de menteuse, trotskiste, nazie, agent américain. Postface, p.248.

*

Lors de la publication de ses deux livres, en France, Margarete Buber-Neumann n'est pas moins maltraitée. La première partie, sous le titre *Déportée en Sibérie* est bien accueillie. La parution a lieu en 1949, traduite par Anise Postel-Vinay, ancienne résistante française que Margarete a connue à Ravensbrück.

La seconde partie qui lui fait suite dans l'édition originale en Allemagne, attendra 39 ans pour paraitre en français en 1988,[2] sous le titre *Déportée à Ravensbrück.*

La raison de ce long délai entre les deux éditions reste floue. L'ouvrage, titré à l'origine *Prisonnière de Staline et d'Hitler* en un seul volume, constitue une étude comparée unique des camps sous les deux dictatures. L'auteur en établit les points communs et analyse ce qui les différencie.

Parce qu'elle a compris et dit, 20 ans avant les autres militants, que ce régime-là était un communisme dévoyé, falsifié par la propagande stalinienne, Margarete Buber-Neumann a payé le prix fort : 7 ans de sa vie en déportation, sans renier son combat pour la liberté des hommes.

De cette captivité destinée à briser les fortes têtes, elle est restée celle qui ne baisse pas les yeux. Sachant que si elle baisse les yeux, son tortionnaire ajoutera le mépris à la

---

2 L'éditeur des Editions du Seuil, Albert Béguin (1949), écrit la postface de la première partie. Il assure être en mesure d'éditer la seconde partie *Déportée à Ravensbrück* dès que la traduction sera achevée. Il disait être convaincu de l'intérêt qu'elle suscitera, malgré les autres récits publiés entretemps en France sur le sujet.
Son souci étant de respecter le sens du parallèle entre les deux dictatures.

violence, que si elle perce le regard du surveillant, les coups et les brimades s'exerceront de plus belle pour cette insolence.

Mais qu'avec une infime parcelle de chance, à un rare moment fugitif, il peut arriver que le regard froid de la victime force le respect du bourreau, retienne quelque peu le châtiment corporel.

Son allure se remarque, svelte par sa maigreur. Elle marche sans s'incliner ni s'arrondir. Sans allégeance, elle porte sa robe rayée comme si elle était libre.

Elle répond à la haine qu'elle suscite chez les détenues, celles pour qui elle a trahi la cause, en s'imposant par son humanisme. Confiante en sa vitalité, le regard qu'elle porte sur une déportée en difficulté transmet la volonté et l'espoir de s'en sortir vivante.

Une surveillante SS remarque Margarete et lui demande d'être sa secrétaire. Ce qui ne l'empêche pas de purger des peines interminables dans les cellules disciplinaires au pain et à l'eau, ou d'être mise au trou, le cachot sans lumière et sans nourriture sept jours de suite, d'où l'on ressort rarement vivant. Et quand sa vie ne tient plus qu'à un fil, elle retrouve une force infinie puisée en elle, se rétablit lentement, comme elle peut, sans rien céder au respect qu'elle se doit.

Restée modeste, Margarete met en avant les actions de ses proches, parle peu de ses propres bienfaits et des détenues qu'elle a sauvées en les cachant.

De Milena, elle exaucera la demande, en évoquant dans un livre remarquable ce que fut cette amitié.

Margarete anticipe ce que l'on ne nommait pas encore le négationnisme. En tant qu'une des rares à connaitre les détentions sous les deux totalitarismes, elle apporte dans des tribunes et devant des tribunaux, son témoignage incontestable sur l'existence des camps. La qualité de ses dépositions, les preuves qu'elle y joint, la véracité de ses propos, se révèlent décisifs dans les énoncés des verdicts.

Son refus de la soumission la conduit là où elle a passé 7 ans de sa vie. Rescapée, sortie non-broyée, survivante par-delà les monceaux de cadavres, elle conserve son utopie, peut paraitre une militante sentimentale aussi soucieuse que Rosa Luxembourg, d'une révolution possible qui préserverait le sort des citoyens.

Son refus de l'endoctrinement la contraint à renoncer à une carrière dans la hiérarchie du Parti. Son exigence a une autre ambition, l'idéal de changer le monde pour un autre meilleur.

Même si ce n'est qu'un *rêve stupide*[3], hors de portée, elle surmonte les épreuves quoi qu'il lui en coûte, décillée, sans jamais perdre de vue l'objectif à réaliser.

Quasiment oubliée de l'histoire, elle est d'une nature exceptionnelle qui fait face aux périls, aux rêves, aux déceptions. Tantôt encouragée par l'espoir ou accablée dans l'affliction, quelquefois exaltée par la joie, le cœur chargé d'émotion, souvent tourmentée dans l'angoisse, ainsi parvient-elle à l'inatteignable : vivre dans la vérité.

---

[3] Ainsi dénommé par un ami commun de Margarete et Heinz Neumann. Voir p. 58.

INDEX

Emmanuel d'Astier de la Vigerie (1900 – 1969) P. 111
Ancien résistant

Il fonde le *Mouvement de Résistance Libération-Sud* et le journal *Libération* dans la clandestinité.
En 1944 il devient commissaire à l'Intérieur du gouvernement de la France libre. Compagnon de route du Parti communiste français, il condamne l'intervention soviétique en Hongrie en 1956.

Jean Bruller (1902 – 1992) P. 111

Adopte le pseudonyme de Vercors en 1941, dans la résistance. Il écrit et publie *le Silence de la Mer* dans la clandestinité. Avec Jean de Lescure, ils fondent les *Editions de Minuit,* à l'automne 1941.

Jean Cassou (1897 – 1986) Ancien résistant P. 112

Dès l'avant-guerre, il est fondateur du *Musée d'Art Moderne de Paris*. Proche du Parti communiste il rompt en 1939, suite au pacte germano-soviétique. Entré dans la Résistance dès septembre 1940, il participe au réseau *Musée de l'Homme* avec Boris Vildé, Anatole Lewitzky, Paul Rivet. Arrêté en décembre 1941, il est envoyé au camp de Saint-Sulpice, dans le Tarn.
A la libération, il est nommé commissaire politique de la Région de Toulouse. Entré au Parti communiste, il ne tarde pas à le quitter suite à un article qu'il rédige, favorable au maréchal Tito, qui revendique l'indépendance de la Yougoslavie vis-à-vis de Moscou. Jean Cassou refuse de faire son autocritique. Il entraîne avec lui une série de démissions.

Pierre Courtade (1915 – 1963) Ancien résistant P. 111

Adhère au Parti communiste sous l'Occupation. En 1946, Maurice Thorez lui propose la rubrique *Internationale* au journal *L'Humanité.*

Il tient cette rubrique jusqu'à sa mort.

Pierre Cot (1895 – 1977) Ancien ministre de l'Air P. 112

Sous différents gouvernements des années 1930, dont celui de Léon Blum en 1936. Refusant l'armistice en juin 1940, il est à Londres où le général de Gaulle le trouve trop à gauche. En août 1940, il part aux Etats-Unis et se met en rapport direct avec les services soviétiques. En 1942 il rejoint le gouvernement provisoire à Alger.

Après 1944, il est parlementaire, compagnon de route du PCF.

Eugène Deloncle / Charles Maurras P. 57
(1890 – 1944) (1868 – 1952)

Une autre extrême-droite française que celle dirigée par Eugène Deloncle, non moins virulente, est celle de Charles Maurras. Nationaliste et xénophobe. Elle est foncièrement anti-allemande. Maurras ne cesse de dénoncer le réarmement de l'Allemagne. Il fustige la République - cette gueuse – et appelle à manifester le 6 février 1934 par une marche sur l'Assemblée nationale. Les affrontements avec la police font 17 tués dont 1 policier, entrainant la démission du gouvernement Daladier.

Roger Garaudy (1913 – 2012) P. 112

Membre du Parti communiste français depuis 1933. Durant l'Occupation, il est arrêté par la police de Vichy en septembre 1941, déporté en Algérie dans le camp de Djelfa, jusqu'en février 1943. Il collabore à l'hebdomadaire communiste *Liberté.* Au milieu des années 1960, il quitte la gauche, devient négationniste, rejoint les thèses de Faurisson qui soutiennent l'inexistence des chambres à gaz.

Fernand Grenier (1901 – 1992) Ancien résistant P.111

Auréolé de sa victoire sur Jacques Doriot aux législatives de 1937 à Saint-Denis. Dans la Résistance il milite avec les FTP (Francs Tireurs Partisans). Arrêté par la Gestapo, il parvient à s'échapper et à gagner l'Angleterre, devient le représentant du Parti communiste français auprès du général de Gaulle à Londres. Élu député communiste à Saint-Denis en 1945, membre du Comité Central, il reste prosoviétique par ses éloges sur Staline.

Frédéric Joliot-Curie (1900 – 1958) P. 112

Physicien et chimiste. Il reçoit le Prix Nobel de chimie, partagé avec son épouse Irène Joliot-Curie, professeur au *collège de France.*

Membre du Parti communiste en 1942 dans la clandestinité. Après 1944, directeur du CNRS, participe à la fondation du Commissariat à l'énergie atomique.

Milena Jesenska (1896 – 1944) P. 129

Traductrice d'œuvres de Kafka en tchèque. Elle traduit également du français en tchèque, des œuvres de : Henri Barbusse, Apollinaire, Paul Claudel, Romain Rolland, Jules Laforgue.
De l'anglais en tchèque des œuvres de Chesterton, Stevenson, Jonathan Swift.
De l'allemand en tchèque des œuvres de Franz Werfel, Heinrich Mann, Rosa Luxembourg ;

Besso Lominadze (1897 – 1934) P. 58

Besso Lominadze est le secrétaire de la Direction d'un cabinet géant à Magnitogorsk, immense camp de rééducation où travaillent 50.000 détenus sous la surveillance de gardiens armés.

Ce système de travail est devenu un facteur essentiel de l'économie soviétique.

Lors de leur dernière entrevue à Moscou, Heinz Neumann a du mal à comprendre pourquoi son ami est entré dans l'opposition à Staline. Au cours d'une conversation, seul à seul, Lominadze lui confie que Staline veut étouffer *tout ce qui reste de liberté.* Devant l'étonnement de Heinz, il le traite de *stupide rêveur qui ignore tout de la situation réelle en Union Soviétique.*

La Révolution mondiale, p. 252-254.

Louis Martin Chauffier (1894 – 1980) Ancien résistant P.111

En 1942, il est rédacteur en chef du journal *Libération* qui parait dans la clandestinité. Arrêté par la Gestapo en 1944, il est déporté à Neuengamme puis à Bergen-Belsen. A la libération, il devient directeur littéraire de plusieurs journaux dont *Libération.* Il sera lui-même la cible des négationnistes suite à des articles parus sur la Shoah, sur David Rousset, Primo Lévi, Jean Amery, Robert Anselme.

Anise Postel-Vinay P. 98

Anise Postel-Vinay née à Paris en 1922. Elle est déportée à Ravensbrück le 31 octobre 1943 avec d'autres résistantes françaises notamment engagées communistes. Elle est libérée le 23 avril 1945 par la Croix Rouge suédoise. Dès la parution du livre de Margarete Buber-Neumann, *Déportée en Sibérie,* Anise Postel-Vinay se consacre à la traduction en français. Elle est également l'auteur d'articles sur les criminels nazis et la résistance allemande et l'auteur de : *Les chambres à gaz secret d'Etat* Ed. de Minuit 1984 Ed. du Seuil 1987 p.327. Note de Alain Brossat. *Déportée à Ravensbrück* Ed. du Seuil 1988.

Vladimir Pozner (1905 – 1992) P. 112

En 1940, il émigre aux Etats-Unis. Auteur de plusieurs romans, témoignages, reportages, scénarios.

Germaine Tillion (1907 – 2008) P. 98

Membre du réseau *Musée de l'Homme* avec Boris Vildé, Anatole Lewitzky.

Germaine Tillion, après 1945, ne manque pas d'enquêter sur les camps de déportation des femmes françaises. Elle alerte l'opinion sur la réalité des camps soviétiques.

p. 328 Note de Alain Brosset. Elle écrit de nombreux ouvrages sur l'ethnographie et sur Ravensbrück, elle est honorée de plusieurs distinctions.

Le 27 mai 2015 Germaine Tillion entre au Panthéon avec Pierre Brossolette et Geneviève de Gaulle Anthonioz, et l'ancien ministre de l'Education nationale du Front populaire Jean Zay.

Marie-Claude Vaillant-Couturier (1912 – 1996) P. 49

Marie-Claude partagera bientôt l'existence de l'un des fondateurs du Parti communiste français, Paul Vaillant-Couturier. Directeur du journal *L'Humanité* de 1926 à 1929, député de Paris en 1937, Paul Vaillant-Couturier meurt d'un infarctus quelques jours après son mariage avec Marie-Claude.

Marie-Claude Vaillant-Couturier fonde *L'Union des jeunes filles de France* en 1936, assure la direction du service photos au journal *L'Humanité*.

En 1941, elle rejoint la Résistance et poursuit son activité dans la rédaction du journal clandestin. Arrêtée par la police de Vichy en janvier 1943, elle est déportée à Auschwitz.

Au début de 1944, Marie-Claude Vaillant-Couturier est transférée au camp de Ravensbrück, avec 7 autres françaises dont Charlotte Delbo. Sans doute, se sont-elles côtoyées avec

Anise Postel-Vinay qui deviendra la traductrice en français de *Déportée en Sibérie* dont Margarete Buber-Neumann est l'auteur.

A son retour des camps, Marie-Claude reste communiste inconditionnelle. En 1951, elle témoigne, avec Aragon, contre David Rousset au procès intenté par *les Lettres françaises* à l'auteur des *Jours de notre mort* où il décrit les analogies *des chiourmes hitlériens et staliniens.*

Tandis que Margarete Buber-Neumann témoignera en faveur de Kravtchenko au procès de celui-ci.

Davis Rousset P. 116

Ancien communiste a quitté le Parti depuis 1933, prenant position avec Trotski contre Staline.

En 1946 David Rousset publie : *L'Univers Concentrationnaire* aux Editions de Minuit. Prix Renaudot 1946.

Et en 1947 : *Les Jours de notre mort* aux Editions du Pavois (1947).

SOURCES

L'Affaire Kravtchenko, Nina Berberova, Ed. Actes Sud 1990.

Le Diable en France, Lion Feuchtwanger, Ed. Belfond 2010.

Déportée à Ravensbrück, Margarete Buber-Neumann, Ed. du Seuil 1988.

Déportée en Sibérie, Margarete Buber-Neumann, Ed. du Seuil 1949.

J'ai choisi la liberté, Victor Kravtchenko, Ed.Olivier Orban 1980.

Une journée d'Ivan Denissovitch, Alexandre Soljenitsyne, Ed. Fayard 1952.

L'Archipel du Goulag, Alexandre Soljenitsyne, Ed. Seuil 2014.

Les Jours de notre mort, David Rousset, Ed. du Pavois 1947.

Karl et Rosa, Alfred Döblin, Ed. Agone 2008.

Kafka et les jeunes filles, Daniel Desmarquet, Ed. Pygmalion 2002.

Kafka, Pietro Citati, Ed. l'Arpenteur 1989.

Kafka l'éternel fiancé, Jacqueline Raoul-Duval, Ed. Flammarion 2011.

La Lie de la terre, Arthur Koestler, Ed. Robert Laffont 1984. *Milena,*

Margarete Buber-Neumann, Ed. du Seuil 1977.

Mémoire d'un Révolutionnaire, Victor Serge, Ed.Robert Laffont 2001.

La Révolution Mondiale, Margarete Buber-Neumann, Ed. Casterman 1977.
La Trève, Primo Lévi, Ed. Grasset 1988.

L'Univers concentrationnaire, David Rousset, Ed. de Minuit 1946.

Vivre, Milena Jesenska, Ed. Lieu commun 1986.

Les Visages de l'histoire, Manès Sperber, Ed. Odile Jacob 1990.

Willi Münzenberg, Alain Dugrand/ Frédéric Laurent, Ed. Fayard 2008.

Weimar en exil, Jean-Michel Palmier, Ed. Payot 1990.

L'histoire

aux éditions L'Harmattan

Dernières parutions

TROUPES (LES) COLONIALES D'ANCIEN RÉGIME
Fidelitate per Mare et Terras
Lesueur Boris - Préface de Michel Vergé-Franceschi
«Le désavantage des colonies qui perdent la liberté de commerce est visiblement compensé par la protection de la Métropole qui les défend par ses armes ou les maintient par ses lois». Cette phrase de Montesquieu résume les liens compliqués entre une métropole et ses colonies sous l'Ancien Régime. La prospérité apportée par les colonies devait être souvent défendue avec acharnement. Des compagnies détachées aux régiments coloniaux, l'aventure des soldats au temps de la Nouvelle-France et des Iles demeure singulière et mal connue.
(SPM, Coll. Kronos, 45.00 euros, 534 p.)
ISBN : 978-2-917232-28-6, ISBN EBOOK : 978-2-336-36549-7

DROIT (LE) DES NOIRS EN FRANCE AU TEMPS DE L'ESCLAVAGE
Textes choisis et commentés
Boulle Pierre H., Peabody Sue
En France entre le XVIe siècle et le XIXe siècle, la vision de l'individu doté d'une liberté formelle fut confrontée à l'existence de l'esclavage aux colonies, en particulier lorsqu'à partir de 1716 une exception au principe du sol libre fut octroyée aux planteurs qui souhaitaient amener en métropole leurs esclaves domestiques. Tout un appareil juridique dut être créé pour accommoder cette exception. Le présent ouvrage cherche à illustrer les différentes étapes que prit cette recherche d'un équilibre entre liberté et esclavage.
(Coll. Autrement Mêmes, 29.00 euros, 291 p.)
ISBN : 978-2-343-04823-9, ISBN EBOOK : 978-2-336-36295-3

ÂGES (LES) DE L'HUMANITÉ
Essai sur l'histoire du monde et la fin des temps
Bolton Robert
Comment, quand et pourquoi le monde a-t-il commencé ? Et quand touchera-t-il à son terme ? Les deux mille dernières années sont analysées en termes de cosmologie traditionnelle, à l'aide de la science des nombres afin de permettre le calcul de la position de notre époque dans l'ère à laquelle elle appartient. L'auteur arrive à la conclusion qu'il y a de fortes probabilités pour que son terme coïncide avec la fin des temps.
(Coll. Théôria, 28.00 euros, 272 p.)
ISBN : 978-2-343-03921-3, ISBN EBOOK : 978-2-336-36288-5

DIVINATION (LA) DANS LA ROME ANTIQUE
Études lexicales
François Guillaumont et Sophie Roesch (éds.)
Les Romains vivaient dans un monde peuplé de signes de la volonté des dieux. Savoir lire ces signes, par le biais de la divination, permettait aux hommes de s'assurer le succès de leurs entreprises. L'objet de ce recueil est de compléter par une approche lexicale les nombreuses publications déjà consacrées à ce domaine de la religion antique, afin de mieux définir les croyances et les pratiques divinatoires des Romains.
(Coll. Kubaba, 15.50 euros, 150 p.)
ISBN : 978-2-343-04273-2, ISBN EBOOK : 978-2-336-36431-5

DISPARITION (LA) DU DIEU DANS LA BIBLE ET LES MYTHES HITTITES
Essai anthropologique
Nutkowicz Hélène, Mazoyer Michel
Drames et tragédies se succèdent qui voient les destructions de la nature, de l'homme et du cosmos dans les royaumes tant hatti que judéen, témoins de la rupture entre le monde terrestre et le monde divin. Quelles explications les peuples touchés par ces situations de crises apportent-ils ? Quels sont les points partagés et les divergences développées par ces deux peuples ?
(Coll. Kubaba, série Antiquité, 22.00 euros, 214 p.)
ISBN : 978-2-343-04876-5, ISBN EBOOK : 978-2-336-36434-6

ÉCHANGES (LES) MARITIMES ET COMMERCIAUX DE L'ANTIQUITÉ À NOS JOURS (2 volumes)
Sous la direction de Philippe Sturmel
Tous les peuples, ou presque, ont voulu faire de la mer et des océans leur terrain de jeu, de chasse, d'échanges ou d'aventures. A l'aube de l'époque moderne, la navigation commerciale connaît un essor spectaculaire et les terres apparaissent comme un obstacle à son développement. La mer, enfin, comme lieu de toutes les spéculations, intellectuelles, philosophiques ou utopiques. C'est cette grande histoire que les communications rassemblées dans cet ouvrage ont l'ambition de raconter.
(Volume 1, Coll. Méditerranées, 31.00 euros, 300 p.)
ISBN : 978-2-343-03509-3, ISBN EBOOK : 978-2-336-36383-7
(Volume 2, Coll. Méditerranées, 30.00 euros, 294 p.)
ISBN : 978-2-336-30724-4, ISBN EBOOK : 978-2-336-36382-0

MENSONGES DE L'HISTOIRE (Tome 2)
Monteil Pierre
Avec simplicité, esprit critique et objectivité, l'auteur s'attaque, dans ce second tome, à de nouveaux «mensonges de l'Histoire» : ainsi, saviez-vous que l'Enfer est une conception médiévale ? Que les chiffres arabes sont en réalité indiens ? Que Gutenberg n'a pas inventé l'imprimerie ? Qu'Abraham Lincoln était raciste ? Que l'Allemagne nazie fut le premier pays dans l'espace ?
(Coll. Rue des écoles, 30.00 euros, 300 p.)
ISBN : 978-2-343-04362-3, ISBN EBOOK : 978-2-336-36119-2

LES VOYAGEUSES D'ALBERT KAHN (1905-1930)
Vingt-sept femmes à la découverte du monde
Arasa Yaelle
Entre 1905 et 1930, Albert Kahn, riche banquier autodidacte, crée en France, une bourse féminine Autour du monde, octroyée aux plus brillantes des jeunes femmes titulaires de l'agrégation. Les lauréates se nourrissent, durant une année, d'un quotidien nomade, se frottant aux traditions les plus anciennes et à la modernité la plus échevelée. Courriers, rapports et carnets de bord narrent les changements de paysage, du monde, de la société, de l'enseignement féminin et de la vie des femmes durant un quart de siècle.
(38.00 euros, 382 p.)
ISBN : 978-2-343-04419-4, ISBN EBOOK : 978-2-336-36174-1

MYTHE (LE) INDO-EUROPÉEN DU GUERRIER IMPIE
Blaive Frédéric, Sterckx Claude
Cet ouvrage s'appuie sur les travaux de comparatisme indo-européen initié par Georges Dumézil et plus particulièrement d'un mythème de «guerrier impie» s'attaquant obstinément à tous les niveaux du sacré, du droit et du juste, repoussant dédaigneusement les avertissements divins et s'obstinant dans sa démesure jusqu'à succomber. Ces enquêtes rendent compte des formes et des motivations propres à chaque culture du guerrier impie (tels que les Grecs Achille et Bellérophon, les Romains César et Julien l'Apostat, l'Irlandais Cuchulainn, le Scandinave Harald l'impitoyable, voire l'Anglais Richard III).
(Coll. Kubaba, série Antiquité, 22.00 euros, 224 p.)
ISBN : 978-2-336-30260-7, ISBN EBOOK : 978-2-336-35479-8

FIGURES ROYALES DES MONDES ANCIENS
Sous la direction de Michel Mazoyer, Alain Meurant et Barbara Sébastien
Dans les mondes indo-européen et méditerranéen, la royauté apparaît comme la forme naturelle et privilégiée de la souveraineté. Son souvenir est particulièrement bien conservé, nos sociétés modernes en ont largement hérité. Dix variations sur la royauté dans l'Antiquité, du monde celtique au domaine gréco-romain en passant par celui des Scythes et des Hittites sont ici proposées.
(Coll. Kubaba, 23.00 euros, 230 p.)
ISBN : 978-2-343-00291-0, ISBN EBOOK : 978-2-296-53505-3

ESSAIS D'HISTOIRE GLOBALE
Sous la direction de Chloé Maurel
Préface de Christophe Charle
L'histoire globale est une approche novatrice qui transcende les cloisonnements étatiques et les barrières temporelles et promeut un va-et-vient entre le local et le global. Développé depuis plusieurs années aux États-Unis, ce courant connaît un essor récent en France. Voici un tour d'horizon varié des travaux récents en histoire globale (concernant l'abolition de l'esclavage, l'histoire du livre et de l'édition, des revues et celle des organisations internationales).
(23.00 euros, 226 p.)
ISBN : 978-2-336-29213-7, ISBN EBOOK : 978-2-296-53077-5

VERS UN NOUVEL ARCHIVISTE NUMÉRIQUE
Ouvrage collectif coordonné par Valentine Frey et Matteo Treleani
La réinvention permanente apportée par le numérique suscite de nombreux débats. Notre rapport à la mémoire et à l'histoire, longtemps basé sur l'objet matériel et sa conservation physique, est à présent bouleversé. Les techniques ont beaucoup évolué, apportant de nouvelles problématiques, dans le domaine de l'informatique comme celui des sciences humaines. Quelles tensions entre technique et mémoire ? Comment se souvenir du passé à travers ses vestiges ? Que change le numérique ?
(Coll. Les médias en actes, 22.00 euros, 224 p.)
ISBN : 978-2-336-00174-6, ISBN EBOOK : 978-2-296-53103-1

MENSONGES (LES) DE L'HISTOIRE
Monteil Pierre
Chaque génération hérite des *a priori* et des idées reçues de la génération précédente. Ainsi, nombreux sont les mensonges de l'Histoire qui ont survécu jusqu'à nos jours. Nos ancêtres les Gaulois ? Napoléon était petit ? Au Moyen Age, les gens ne se lavaient pas ? Christophe Colomb a découvert l'Amérique ? Ce livre revient sur 80 poncifs considérés par beaucoup comme une réalité...
(Coll. Rue des écoles, 28.00 euros, 282 p.)
ISBN : 978-2-336-29074-4, ISBN EBOOK : 978-2-296-51351-8

FLAVIUS JOSÈPHE
Les ambitions d'un homme
Cohen-Matlofsky Claude
Quelles furent les ambitions cachées de Flavius Josèphe, historien Juif de l'Antiquité ? Il prône, à travers ses écrits, le retour à la monarchie de type hasmonéen, à savoir d'un roi-grand prêtre, comme réponse à tous les maux de la Judée. La question fondamentale est la suivante : comment les élites locales ont-elles géré leurs relations avec la puissance romaine et quel rôle les membres de l'élite ont-ils assigné à leurs traditions et constitution politique dans cet environnement d'acculturation ?
(Coll. Historiques, série Travaux, 15.50 euros, 152 p.)
ISBN : 978-2-336-00528-7, ISBN EBOOK : 978-2-296-51387-7

MER (LA), SES VALEURS
Groupe «Mer et valeurs»
Sous la direction de Chantal Reynier – Préface de Francis Vallat
La mer, plus que jamais, est la chance des hommes et la clef de leur avenir. Elle leur apprend la responsabilité, suscite l'esprit d'initiative, mais elle oblige tout autant à rester humble devant ses forces naturelles. Le groupe de réflexion «Mer et Valeurs», réunissant navigants et universitaires, examine l'influence de ces valeurs rapportées à toutes les activités humaines. Des références historiques et géographiques illustrent le développement intellectuel et économique des pays qui se sont tournés vers la mer.
(21.00 euros, 188 p.)
ISBN : 978-2-336-00836-3, ISBN EBOOK : 978-2-296-51412-6

L'HARMATTAN ITALIA
Via Degli Artisti 15; 10124 Torino

L'HARMATTAN HONGRIE
Könyvesbolt ; Kossuth L. u. 14-16
1053 Budapest

L'HARMATTAN KINSHASA
185, avenue Nyangwe
Commune de Lingwala
Kinshasa, R.D. Congo
(00243) 998697603 ou (00243) 999229662

L'HARMATTAN CONGO
67, av. E. P. Lumumba
Bât. – Congo Pharmacie (Bib. Nat.)
BP2874 Brazzaville
harmattan.congo@yahoo.fr

L'HARMATTAN GUINÉE
Almamya Rue KA 028, en face
du restaurant Le Cèdre
OKB agency BP 3470 Conakry
(00224) 657 20 85 08 / 664 28 91 96
harmattanguinee@yahoo.fr

L'HARMATTAN MALI
Rue 73, Porte 536, Niamakoro,
Cité Unicef, Bamako
Tél. 00 (223) 20205724 / +(223) 76378082
poudiougopaul@yahoo.fr
pp.harmattan@gmail.com

L'HARMATTAN CAMEROUN
BP 11486
Face à la SNI, immeuble Don Bosco
Yaoundé
(00237) 99 76 61 66
harmattancam@yahoo.fr

L'HARMATTAN CÔTE D'IVOIRE
Résidence Karl / cité des arts
Abidjan-Cocody 03 BP 1588 Abidjan 03
(00225) 05 77 87 31
etien_nda@yahoo.fr

L'HARMATTAN BURKINA
Penou Achille Some
Ouagadougou
(+226) 70 26 88 27

L'HARMATTAN SÉNÉGAL
10 VDN en face Mermoz, après le pont de Fann
BP 45034 Dakar Fann
33 825 98 58 / 33 860 9858
senharmattan@gmail.com / senlibraire@gmail.com
www.harmattansenegal.com

L'HARMATTAN BÉNIN
ISOR-BENIN
01 BP 359 COTONOU-RP
Quartier Gbèdjromèdé,
Rue Agbélenco, Lot 1247 I
Tél : 00 229 21 32 53 79
christian_dablaka123@yahoo.fr

656999 - Mai 2016
Achevé d'imprimer par

1livre.com
du rêve à la réalité !